STAR WARS™
Galaxis in Gefahr
und andere spannende Geschichten

Dorling Kindersley
London, New York, Melbourne, München und Delhi

Für Dorling Kindersley:
Cheflektorat Catherine Saunders
Art Director Lisa Lanzarini
Projektleitung Simon Beecroft
Programmleitung Alex Allan

Für Lucasfilm:
Chefredaktion J.W. Rinzler
Art Director Troy Alders
Hüter des Holocrons Leland Chee
Programmleitung Carol Roeder

Für die deutsche Ausgabe:
Programmleitung Monika Schlitzer
Projektbetreuung Florian Bucher
Herstellungsleitung Dorothee Whittaker
Herstellung Anna Ponton

Bibliografische Information der Deutschen Bibliothek
Die Deutsche Bibliothek verzeichnet diese Publikation in der
Deutschen Nationalbibliografie; detaillierte bibliografische Daten sind
im Internet über http://dnb.ddb.de abrufbar.

Titel der englischen Originalausgaben:
Star Wars: Star Pilot (2005), *Star Wars: Galactic Crisis!* (2005),
Star Wars: Death Star Battles (2010), *Star Wars: Ultimate Duels* (2011)

Copyright © 2012 Lucasfilm Ltd. and TM.
All rights reserved. Used under authorization.

Gestaltung © Dorling Kindersley Limited, London
Ein Unternehmen der Penguin-Gruppe

© der deutschsprachigen Ausgabe by Dorling Kindersley Verlag GmbH, München, 2012
Alle deutschsprachigen Rechte vorbehalten

Übersetzung Anke Wellner-Kempf
Lektorat Marc Winter
Satz Wolfgang Lehner

ISBN 978-3-8310-2061-4

Printed and bound at TBB, a.s., Slovakia

Besuchen Sie uns im Internet
www.dorlingkindersley.de
www.starwars.com

STAR WARS™
Galaxis in Gefahr
und andere spannende Geschichten

DORLING KINDERSLEY

Inhalt

Pilot im Weltraum.................. 5

Galaxis in Gefahr 51

Kampf gegen den Todesstern..... 97

Entscheidende Duelle................143

STAR WARS
PILOT IM WELTRAUM

von Laura Buller

Auf in den Sternenhimmel!

Die *Star Wars*-Galaxis ist groß. In ihr gibt es Millionen Planeten, und du kannst sie alle erkunden. Aber dazu brauchst du ein Raumschiff. Vielleicht willst du eine Spritztour in einem rasend schnellen Sternenjäger machen. Oder möchtest du lieber in einem silbernen Schiff gemütlich umherkreuzen? Hoffentlich begegnest du auf deinem Ausflug nicht einem schrecklichen Supersternenzerstörer!

In der riesigen *Star Wars*-Galaxis benötigst du schnelle Raumfahrzeuge, um dich fortzubewegen. Es gibt Tausende verschiedener Schiffe, die zwischen den Sternen hin und her rasen. Manche befördern nur einen einzigen Passagier, andere wiederum eine ganze Armee. Dieses Kapitel zeigt dir alle wichtigen *Star Wars*-Raumschiffe.

Willkommen in der Galaxis. Steig ein und schnall dich an! Wir wünschen dir einen angenehmen Flug.

Droidenkontrollschiff

Die Handelsföderation ist eine mächtige Gruppe geldgieriger Händler aus allen Teilen der Galaxis. Ihre Anführer reisen in riesigen, ringförmigen Transportschiffen.

Die Handelsföderation ist unzufrieden mit der Galaktischen Republik, die die Galaxis regiert. Sie bereitet einen Krieg vor und baut ihre Transportschiffe heimlich in Schlachtschiffe um. Diese können mit Waffen ausgerüstet werden und Robotersoldaten, sogenannte Kampfdroiden, befördern.

Panzerfahrzeuge
Das Droidenkontrollschiff befördert über 500 gepanzerte Transporter, die dicke Wände durchbrechen können.

Das Droidenkontrollschiff ist das wichtigste Schiff in der Schlachtschiff-Flotte der Handelsföderation. Es verfügt über eine spezielle Technologie, mit der die Kampfdroiden über Fernsteuerung gelenkt werden. Die Droiden bekommen Signale aus dem Kontrollschiff, die ihnen Befehle geben. Ohne diese Signale sind sie hilflos.

Wenn dich ein Feuerhageldroide verfolgt, heißt es aufgepasst! Er ist mit 30 schlagkräftigen Geschützen versehen, die Schüsse abfeuern, während der Droide auf riesigen Rädern vorwärts rast.

Die Anführer der Handelsföderation wollen der Galaktischen Republik zeigen, wie mächtig sie sind. Daher greifen sie den friedlichen Planeten Naboo an.

Die Piloten des Droidenkontrollschiffs sitzen in dem kugelrunden Kernschiff, das sich innerhalb des Außenrings befindet. Hier ist die Steuerung für die Droiden untergebracht. Das Kernschiff enthält auch den Reaktorantrieb für das gesamte Raumschiff, aber dieser ist nicht gut geschützt. Der talentierte junge Pilot Anakin Skywalker findet dies heraus, als er eine Explosion auslöst, die das ganze Droidenkontrollschiff zerstört. Anakin meint dazu nur: „Ups!"

Das kugelförmige Kernschiff kann sich vom Hauptschiff lösen und allein umherfliegen.

Das königliche Raumschiff

Innen wie außen ist das königliche Raumschiff von Naboo einer Königin würdig. Es ist schlank und elegant, und seine Triebwerke und die Ausstattung sind vom Feinsten. Innen ist es so schön und bequem wie ein Palast. Alles im Inneren glänzt und blinkt, bis hin zum letzten Kabel und kleinsten Draht. Das Schiff hat eine silbern glänzende Außenhülle aus Metall. Eine solche Hülle ist nur den Schiffen der Königin erlaubt.

Das königliche Raumschiff reist nur in friedlicher Mission. Daher hat es keine Waffen an Bord.

Die Oberfläche des Schiffsrumpfs ist von Hand poliert und glänzt wie ein Spiegel.

Padmés Sternenschiff
Als Königin steuert Padmé Amidala diese schlanke königliche Yacht manchmal sogar selbst.

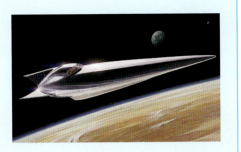

Padmé Amidala ist die gewählte Königin von Naboo. Sie benutzt dieses Raumschiff für ihre offiziellen Besuche und wird dabei stets von ihren Leibwächtern, ihren treuen Zofen und der Schiffsbesatzung begleitet.

Podrenner

Ehrenmänner ... und Schufte! Fahrt die Triebwerke hoch! Podrennen ist ein äußerst spannender Sport, der in der Galaxis sehr beliebt ist. Mehrere Dutzend Podrenner gehen gleichzeitig an den Start und rasen mit einer Geschwindigkeit von über 800 Stundenkilometern um Hindernisse herum und durch Schluchten hindurch. Die Piloten setzen all ihr Können ein, um nicht abzustürzen.

Anakin Skywalker sitzt in der Steuergondel.

Am Tag eines großen Podrennens kannst du die Aufregung fast riechen. Oder ist es der Geruch des starken Treibstoffs, der diese superschnellen Gefährte antreibt?

Ein einfacher Podrenner besteht aus einer Steuergondel und Triebwerken. In der Steuergondel sitzt der Pilot. Sie ist durch Kabel mit den Triebwerken verbunden. Jeder Podrenner ist ein speziell gebautes Einzelstück.

Zwei riesige Triebwerke beschleunigen den Podrenner.

Podrennpiloten bauen zusätzliche Maschinenteile an ihre Fahrzeuge, um sie noch schneller zu machen und ihre Rennzeit um weitere Sekunden zu verbessern.

Die meisten Piloten sind Aliens, die besonders schnell reagieren können. Anakin Skywalker ist der einzige Mensch, dessen Reflexe schnell genug sind, um an Podrennen teilzunehmen. Dieser neunjährige Junge ist ein toller Mechaniker. Er verbessert seinen selbst gebauten Podrenner mit übrig gebliebenen Teilen aus der Schrotthandlung, in der er arbeitet.

Anakin ist nicht nur ein guter Mechaniker, sondern auch ein ganz hervorragender Pilot. Die Fans der Podrennen erzählen sich immer noch von seinem Sieg bei dem berühmten Boonta-Eve-Classic-Rennen, in dem er den Favoriten Sebulba geschlagen hat.

Sebulbas gemeine Tricks
Anakins größter Rivale ist der Alien Sebulba. Um zu gewinnen, setzt er gemeine Tricks ein. Manchmal wirft er sogar Maschinenteile in die Triebwerke anderer Podrenner.

Die Steuergondel ist über Kabel mit zwei Triebwerken verbunden.

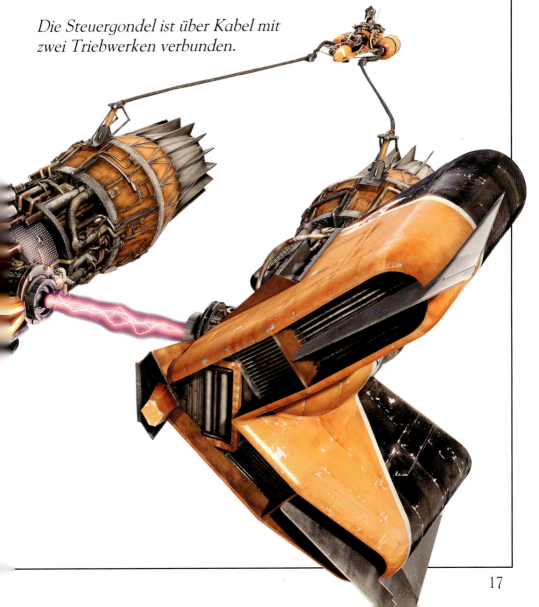

Königlicher N-1-Sternenjäger

Der N-1-Sternenjäger fliegt für gewöhnlich als Eskorte neben dem Raumschiff der Königin von Naboo her, um es zu beschützen. Falls es gefährlich werden sollte, kann er seine Zwillingsblasterkanonen einsetzen.

Eines Tages versteckt sich Anakin Skywalker in einem N-1-Sternenjäger. Aus Versehen startet er die Triebwerke, und der Sternenjäger rast plötzlich in die Höhe. Anakin fliegt geradewegs in einen erbitterten Kampf zwischen der Handelsföderation und Naboo hinein! Zum Glück ist er ein furchtloser Pilot. Geschickt weicht er schwerem Beschuss von feindlichen Schiffen aus. Anakin nutzt all sein Können, das er bei den Podrennen auf seinem Heimatplaneten gelernt hat, um in das Droidenkontrollschiff einzudringen und dessen Antrieb zu zerstören.

Das Droidenkontrollschiff ist zerstört, und die Armee der Handelsföderation ist außer Gefecht gesetzt. Anakin ist auf einmal ein Held.

Sklave I

Jango Fett ist ein Kopfgeldjäger. Er fängt Menschen, die vor dem Gesetz oder vor einem Feind fliehen, und liefert sie aus. Dafür bekommt er eine Belohnung. Wenn Jango dich mit seinem schnellen Raumschiff *Sklave I* verfolgt, gibt es kein Entkommen!

Ein Kopfgeldjäger benötigt ein Schiff, das jeden Winkel der Galaxis erreichen kann. Das Schiff muss über eine Menge Waffen verfügen, die man unterwegs in allen gefährlichen Situationen einsetzen kann. Es sollte auch eine ausbruchsichere Gefängniszelle haben für die Häftlinge, die man gefangen hat.

Die *Sklave I* ist das perfekte Schiff für einen Kopfgeldjäger. Jango hat es von einem Gefängnis gestohlen. Deswegen besaß das Schiff bereits Gefängniszellen an Bord, aber er hat es noch weiter ausgebaut und verbessert.

Die Sklave I *besitzt eine Tarnvorrichtung, damit andere Schiffe sie nicht kommen sehen.*

Cockpit

Jango Fett verbirgt sein Gesicht unter einem Helm. Er trägt eine Rüstung und zahlreiche Waffen, unter anderem einen Raketenwerfer.

Jango hat viele Veränderungen an seinem Schiff vorgenommen. Zuerst hat er neue Waffen eingebaut. Es besaß bereits Blasterkanonen, doch er fügte zusätzlich viele versteckte Waffen hinzu, darunter Laserkanonen und Torpedos. Er baute auch die Quartiere der Besatzung im Schiffsinneren um, sodass sie auf sehr lange Reisen gehen kann. Die Gefängniszellen wurden zu engen Wandschränken umgebaut, damit kein Gefangener ausbrechen kann.

Jango Fett reist oft zusammen mit seinem Sohn Boba. Jango fliegt das Schiff, während Boba seinem Vater zusieht und von ihm lernt.

Der Nachfolger
Als Boba Fett die Arbeit seines Vaters übernimmt, wird er Besitzer der *Sklave I*. Er baut sogar noch stärkere Waffen ein.

Republikanische Kanonenboote

Die Jedi-Ritter kämpfen auf dem Planeten Geonosis gegen die Handelsföderation. Als sie eingekreist werden, kommen ihnen die republikanischen Kanonenboote zu Hilfe. Diese Schiffe spielen bei jedem Angriff durch die Republik eine wichtige Rolle. Sie können Soldaten an einen bestimmten Ort bringen und dann mit hoher Geschwindigkeit gleich wieder starten.

Jedes republikanische Kanonenboot kann 30 Soldaten und vier Düsenschlitten zu der Stelle des Schlachtfelds transportieren, wo die Schlacht in vollem Gange ist. Ihre dicke Hülle widersteht dem feindlichen Feuer. Sie können durch schweres Kanonenfeuer fliegen und mit nur wenigen Beulen entkommen.

Die republikanischen Kanonenboote können auch tief fliegen, um Bodentruppen und Landfahrzeuge anzugreifen.

Kanonenschützen feuern ihre Waffen von kugelförmigen Geschütztürmen ab. Auf beiden Seiten des Schiffs gibt es je einen Geschützturm.

Die Sternenjäger der Jedi

In der Hitze eines Raumgefechts zählt jede Sekunde. Jedi-Ritter wie Anakin Skywalker und Obi-Wan Kenobi müssen mit ihren schnellen Sternenjägern durch so manche gefährliche Lage schlüpfen. Manchmal müssen sie auch einen hartnäckigen Verfolger abschütteln. Oft fliegen sie mit ihren Jedi-Sternenjägern neben größeren Schiffen wie dem ARC-170 in eine Schlacht.

Anakin wird zu einem Jedi ausgebildet. Sein Sternenjäger ist klein, aber sehr mächtig. Zu Beginn ist er ein normales Jedi-Schiff, doch Anakin nutzt sein Wissen als Mechaniker, um das Gefährt zu verbessern. Er entfernt schwere Fluginstrumente und starke Schilde, damit das Schiff schneller wird und er es noch besser steuern kann. Er bemalt es sogar in einer neuen Farbe, sodass es seinem alten Podrenner ähnlich sieht. So erkennst du seinen Sternenjäger schon von Weitem.

Die *Unsichtbare Hand*

Das Flaggschiff der Handelsföderation ist die *Unsichtbare Hand*. Sie ist das fortschrittlichste Schiff der Flotte. Seine Schilde und seine außerordentlich dicke Hülle schützen es vor den meisten Angriffen durch feindliche Schiffe.

In einer spannenden Schlacht wird der Anführer der Republik, Kanzler Palpatine, gefangengenommen und auf diesem Schiff festgehalten.

Die ARC-170-Schiffe der Republik beschießen die Unsichtbare Hand *mit starken Lasergeschossen.*

Obi-Wan Kenobi und Anakin eilen zur Rettung des Kanzlers. Im Inneren der *Unsichtbaren Hand* besiegen die Jedi Palpatines Entführer. Doch das riesige Schiff fängt Feuer und bricht entzwei. Die beiden Jedi und der Kanzler sind in höchster Gefahr! Dem großartigen Piloten Anakin gelingt es, das Wrack des Schiffes zu landen, bevor es von Flammen zerstört wird.

Rettungskapseln

Wenn Menschen oder Aliens in großer Gefahr sind, müssen sie manchmal schnell flüchten. In solchen Augenblicken ist es gut, eine Rettungskapsel an Bord zu haben.

Die meisten großen Schiffe und sogar manche Planeten haben Rettungskapseln. Kleinere Schiffe wie Sternenjäger besitzen Schleudersitze. Diese werfen den Piloten aus einem beschädigten Schiff hinaus in Sicherheit.

Die Droidenfreunde R2-D2 und C-3PO befreien sich mit dieser Rettungskapsel aus einer schwierigen Lage.

Yodas geglückte Flucht
Jedi-Meister Yoda befand sich einmal auf Kashyyyk, dem Heimatplaneten der Wookiees, in der Klemme. Er bestieg diese Kapsel, drückte auf den Fluchtknopf und flog davon.

Rettungskapseln sind Rettungsbooten ähnlich. Manche sind so klein, dass nur eine Person hineinpasst, in anderen ist vielleicht Platz für die ganze Mannschaft eines Raumschiffs. Wenn sie gestartet wird, sucht die Kapsel automatisch den nächsten Planeten, um zu landen.

Eine Rettungskapsel hat genügend Vorräte an Bord, um ihre Besatzung sicher am Leben zu erhalten, bis sie gerettet wird. Sie hat auch eine Kommunikationsausrüstung, das ist eine Art Funkgerät, mit dem die Passagiere Hilferufe aussenden können. Sie müssen nur hoffen, dass ihre Botschaft von freundlich gesinnten Wesen empfangen wird!

Imperiale Shuttles

Palpatine hat in der friedlichen Republik die Macht an sich gerissen. Er ist ein sehr böser Mensch, dessen einziges Ziel die Macht ist. Die Republik ist nun Palpatines Imperium, und er hat sich selbst zum Imperator gemacht.

Für seinen persönlichen Transport benutzt Palpatine ein imperiales Shuttle. Jedes imperiale Shuttle kann bis zu 20 Soldaten sowie Fracht befördern. Blasterkanonen, Schilde und eine dicke Hülle schützen diese Schiffe vor feindlichen Angriffen.

Die Seitenflügel der Fähre werden beim Flug herunter- und beim Landen wieder hochgeklappt.

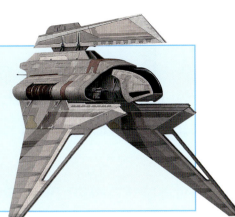

Palpatines altes Schiff
Schon bevor Palpatine Imperator wurde, flog er mit einem persönlichen Shuttle. Es war kleiner als die spätere imperiale Raumfähre.

Das Schiff des Imperators sieht ein bisschen wie ein großer Raubvogel aus. Die Gegner des Imperiums fürchten seinen Anblick.

Auch wichtige imperiale Offiziere bewegen sich mit diesen Raumfähren fort. Einer von ihnen ist der böse Darth Vader. So nennt sich Anakin Skywalker, seit er sich der dunklen Seite der Macht ergeben hat. Palpatine hat den ehemaligen Jedi dazu gebracht, sich dem bösen Imperium anzuschließen.

TIE-Jäger

Diese kleinen, TIE-Jäger genannten Schiffe sind die wichtigsten Sternenjäger der imperialen Streitkräfte. Die Schiffe sind einfach und billig zu bauen, weil sie in großer Zahl gefertigt werden. TIE steht für „Turbo-Ionen-Energie", die die Zwillings-Ionentriebwerke dieser kleinen Schiffe antreibt.

TIE-Jäger greifen einer nach dem anderen an, manchmal zu Hunderten. Ein einziger TIE-Jäger ist leicht zu zerstören, aber für jeden, der getroffen wurde, kommen viele neue nach.

Darth Vaders Schiff
Darth Vader fliegt einen TIE-X1-Turbojäger. Er ist schneller und schlagkräftiger als ein TIE-Jäger und hat eine bessere Panzerung.

Damit diese einsitzigen Flitzer noch schneller fliegen, haben sie keine schwere Ausrüstung an Bord. Ihre einzigen Waffen sind zwei Laserkanonen an dem kugelrunden Cockpit. Oft feuern Dutzende von TIE-Jägern ihre Kanonen gleichzeitig auf ein Ziel ab.

Einen imperialen TIE-Jäger zu fliegen, ist keine leichte Sache. Da es keine Lebenserhaltungssysteme an Bord gibt, muss der Pilot einen Schutzanzug tragen. Das ist für ihn recht unbequem und unpraktisch.

Die Stärke dieser Raumschiffe ist ihre hohe Geschwindigkeit. Sie haben jedoch keine speziellen Schutzschilde, die sie vor feindlichem Feuer schützen. Die Jäger sind zudem wegen ihrer großen Flügel leicht von der Seite zu treffen.

Als TIE-Jäger-Pilot hat man wirklich einen gefährlichen Beruf!

Bomben im Anflug!
Wie TIE-Jäger greifen auch TIE-Bomber meistens in Gruppen an. Diese Bomber mit den gebogenen Flügeln sind sehr gefürchtet. Fast jeder ihrer Angriffe trifft sein Ziel.

Jeder TIE-Jäger hat zwei sechseckige Flügel.

Der Pilot sitzt in einem kugelförmigen Cockpit zwischen den Flügeln.

TIE-Jäger haben schon in vielen Schlachten gegen Feinde des Imperiums gekämpft, darunter auch gegen die Freiheitskämpfer der Rebellenallianz.

Der *Millennium Falke*

Der *Millennium Falke* ist eines der schnellsten Raumschiffe der Galaxis. Wenn man seine verschrammte Außenseite sieht, kann man das erst einmal kaum glauben! Der *Falke* gehört Han Solo, der früher verbotene Waren durch die ganze Galaxis geschmuggelt hat. Nun kämpft er mit der Rebellenallianz gegen das Galaktische Imperium. Der Kopilot des Schiffs ist der Wookiee Chewbacca.

Von außen macht der *Falke* nicht viel her. Seine Außenhülle ist verbeult und trägt die Spuren vieler Schlachten. Das ganze Schiff scheint eine Reparatur dringend nötig zu haben. Aber Han und Chewbacca haben im Laufe der Jahre viele Verbesserungen an dem Schiff vorgenommen. Der *Millennium Falke* kann sogar einen schnellen imperialen TIE-Jäger einholen!

In solchen Schlachten bekommt der Falke *seine Schrammen.*

Han und Chewbacca fliegen den Millennium Falken. *C-3PO und Rebellenanführerin Prinzessin Leia sind mit an Bord.*

Der *Millennium Falke* ist in der ganzen Galaxis berühmt dafür, Geschwindigkeitsrekorde zu brechen.

Das untertassenförmige Raumschiff ist durch seinen Hyperantrieb superschnell, und Han hat ihn umgebaut, um ihn sogar noch schneller zu machen.

Das Schiff ist außerdem mit vielen schlagkräftigen Waffen bestückt, darunter Laserkanonen und Raketenwerfer.

Geheime Fracht
Han hat in sein Schiff Geheimkammern für Schmuggelware eingebaut. Sie erweisen sich als nützlich, als er und andere Rebellen sich verstecken müssen.

Han Solos Raumschiff hat ihn immer wieder aus schwierigen Situationen gerettet. Es ist vielleicht nicht das schönste Schiff der Galaxis, aber das schnellste.

Han besucht den Vorbesitzer seines Schiffs, Lando Calrissian. Han hat das Schiff von Lando im Glücksspiel gewonnen.

X-Flügel-Sternenjäger

Das kleine Schiff, das den ersten Todesstern des Imperiums zerstört, ist ein X-Flügler. Der mutige junge Pilot der Rebellenallianz, der es an diesem Tag fliegt, heißt Luke Skywalker. Er besitzt Jedi-Kräfte, die ihn bei seinem Einsatz leiten. Zum Glück wählt er einen X-Flügler für seinen Flug, denn ohne das richtige Raumschiff würde auch einem Jedi diese gefährliche Mission wohl nicht gelingen.

Schnellster Sternenjäger
Die Piloten der Rebellenallianz fliegen auch einen sogenannten A-Flügler. Er ist schwierig zu fliegen, weil er so schnell ist!

Die X-Flügler haben ihren Namen von der Form ihrer Flügel, die sich im Kampf X-förmig öffnen. An jeder Flügelspitze befindet sich eine starke Laserkanone.

Ein X-Flügler feuert mit seiner extrem starken Laserkanone auf einen feindlichen TIE-Jäger.

Die X-Flügler sind die Sternenjäger der Rebellenallianz. Diese schnellen Raumschiffe sind mit Torpedowerfern ausgerüstet und besitzen eine Spezialausrüstung, die dem Piloten bei der Steuerung hilft.

Die Rebellenallianz überlegt sich einen Plan, um den Todesstern zu zerstören. Sie findet heraus, dass diese riesige Kampfstation eine Schwachstelle hat. Wenn ein Torpedo den Antriebsreaktor trifft, dann explodiert er und zerstört den ganzen Todesstern. Doch um den Reaktor zu treffen, muss ein Pilot einen Torpedo in ein kleines Loch in einem tiefen, dunklen Graben schießen. Der Todesstern wird aber von Raumschiffen des Imperiums gut bewacht.

Alle Rebellenpiloten wollen diese Aufgabe unbedingt übernehmen. Viele versuchen es, doch nur Luke Skywalker trifft das Ziel – mithilfe seiner Jedi-Kräfte und etwas Unterstützung von Han Solo im *Millennium Falken*.

Die Piloten der Rebellenallianz sind sich einig: Seit diesem Einsatz ist der X-Flügler eine Legende. Wer weiß, vielleicht ist er sogar der beste Ein-Mann-Sternenjäger, der je gebaut wurde!

Große Ähnlichkeit
Sieh dir die geteilten Flügel dieses ARC-170-Sternenjägers der Republik an. Der X-Flügler ähnelt diesem früheren Modell sehr stark.

Supersternenzerstörer

Es gibt viele große Raumschiffe in der Galaxis. Und es gibt auch ein paar riesengroße Schiffe. Aber der Supersternenzerstörer *Executor* ist größer als alles, was man je gesehen hat. Er ist das größte Schiff in der Galaxis mit einer unglaublichen Länge von 19 000 Metern.

Dieser dolchförmige Riese ist das beeindruckende Kommandoschiff des bösen Darth Vader. Jeder, der die *Executor* sieht, bekommt sofort Angst vor diesem mächtigen Schiff. Oft genügt sein Anblick, damit alle Darth Vaders Befehlen gehorchen.

Sternenzerstörer
Vor dem Bau des Supersternenzerstörers war der keilförmige Sternenzerstörer das größte Schlachtschiff des Imperiums. Er ist 1600 Meter lang.

Die *Executor* ist mit über 1000 starken Waffen bestückt. So ist sie jederzeit bereit für einen Angriff auf die Rebellenallianz. Das Schiff kann Tausende von Soldaten, Sternenjägern, Fahrzeugen und Ausrüstung befördern. Eine ganze Armee ist an Bord dieses Schiffes, und ihr Anführer hat nichts Gutes im Sinn.

Darth Vader befehligt die Executor *von der Brücke aus. Die Besatzung hört aufmerksam zu, wenn er spricht.*

Die Deflektorschild-Kuppel des Supersternenzerstörers schützt das Schiff vor Angriffen. Der Kommunikations-Turm sorgt dafür, dass jeder Darth Vaders Befehle laut und deutlich hören kann.

Die *Executor* ist der erste von vielen Supersternenzerstörern, die das Imperium baut, um seine Feinde zu vernichten. Doch selbst diese Schiffe können die Rebellenallianz nicht aufhalten.

Republikanisches Angriffsschiff
Dieser gigantische Transporter befördert Tausende Soldaten. Dieses Schiff war das Vorbild für den Sternenzerstörer und den Supersternenzerstörer.

Während eines Kampfs stürzt ein außer Kontrolle geratener A-Flügler der Rebellenallianz in die Brücke der *Executor*. Der Pilot kann nicht mehr ausweichen.

Die Explosion zerstört die Befehlszentrale des Supersternenzerstörers. Das Schiff wird von dem riesigen Todesstern angezogen, und die beiden krachen in einer gewaltigen Explosion ineinander.

Der Pilot hat die Kontrolle über seinen A-Flügler verloren. Er taumelt unausweichlich auf die Executor *zu.*

Glossar

Alien
Ein Wesen, das weder ein Mensch noch ein Tier ist.

Brücke
Ein Raum auf einem großen Schiff oder Raumschiff, von dem aus das Schiff gesteuert wird.

Deflektorschild
Unsichtbares Energiefeld, das Laserstrahlen oder Meteoriten abhält.

Droide
Eine Art Roboter. C-3PO und R2-D2 sind Droiden.

Flaggschiff
Schiff, das eine Flotte anführt.

Föderation
Eine Gruppe von Welten oder Organisationen, die sich zusammenschließen, weil sie dieselben Ziele haben.

Freiheitskämpfer
Jemand, der frei sein möchte von den Regeln, die jemand anderes aufgestellt hat. Die Rebellenallianz kämpft für Freiheit von den Regeln des bösen Imperiums.

Galaxis
Sternensystem aus Millionen von Sternen und Planeten.

gewählt
Von einem Volk in einer Wahl zu seinem Vertreter bestimmt.

Hyperantrieb
Eine *Star Wars*-Technik, die Raumschiffe unglaublich schnell fliegen lässt.

imperial
Etwas, das vom Imperium ist oder zu ihm gehört.

Imperium
Eine Gruppe von Welten, die von einem Anführer regiert werden, der Imperator genannt wird. Palpatine ist der böse Imperator, der über das Galaktische Imperium herrscht.

Ionentriebwerk
Triebwerk, das Ionen-Partikel ausstößt und so das Raumschiff antreibt.

Jedi-Ritter
Ein *Star Wars*-Krieger mit besonderen Kräften, der das Gute in der Galaxis verteidigt. Anakin Skywalker, Luke Skywalker und Obi-Wan Kenobi sind Jedi-Ritter.

Lebenserhaltungssystem
Technische Geräte, die Wärme und Sauerstoff liefern, z.B. in Raumanzügen.

Mechaniker
Jemand, der Maschinen baut und repariert.

Reaktor
Eine Maschine, die Energie erzeugt, zum Beispiel um ein Raumschiff anzutreiben.

Rebellenallianz
Eine Gruppe von Personen in *Star Wars*, die sich zusammengeschlossen haben, um gegen das Imperium zu kämpfen.

schmuggeln
Heimlich Waren transportieren, um mit ihrem Verkauf Geld zu verdienen. Meistens Waren, deren Verkauf verboten ist.

Torpedo
Eine Waffe mit eigenem Antrieb und einer Sprengladung.

STAR WARS
GALAXIS IN GEFAHR

von Ryder Windham

Darth Sidious

Senator Palpatine

In einer weit, weit entfernten Galaxis gibt es eine mächtige Republik. Die vielen unterschiedlichen Planeten, die zur Republik gehören, leben in Frieden zusammen. Es gibt keine Kriege, denn große Armeen sind nicht erlaubt. Die Jedi-Ritter hüten den Frieden. Sie erhalten ihre Kräfte von der Macht, einem Energiefeld, das alle Lebewesen erzeugen. Ihre größten Feinde sind die Sith-Lords, die die Macht nutzen, um Böses zu tun.

Palpatine

Sith-Lord
Palpatine scheint ein ehrwürdiger Senator zu sein. In Wahrheit ist er der böse Darth Sidious.

Einer der gefährlichsten Sith-Lords ist Darth Sidious. Er gibt sich als ehrwürdiger Senator Palpatine vom Planeten Naboo aus. Die meisten halten Palpatine für nett, aber er ist ein meisterhafter Intrigant, der immer noch mehr Macht haben will. Jedes Mittel ist ihm recht, wenn es ihm nützt. Heimlich schmiedet er böse Pläne.

Palpatine ist ein Mitglied des Galaktischen Senats. Im Senat treffen sich die Senatoren und bestimmen, wie die Republik regiert wird.

Kanzler Valorum
Der Oberste Kanzler Valorum ist der Anführer des Senats. Er verhandelt mit Politikern aus vielen Welten.

Regierung
Der Galaktische Senat versammelt sich auf dem Planeten Coruscant. Die Senatoren aus der ganzen Galaxis beschließen hier neue Gesetze und besprechen Probleme.

Junge Königin
Amidala war erst 14 Jahre alt, als sie zur Königin von Naboo gewählt wurde. Manche kennen sie auch unter ihrem Namen Padmé.

Bedrohtes Naboo

Senator Palpatine stammt von Naboo. Dieser Planet ist ein demokratisches Königreich und wird von der gewählten Königin Amidala regiert. Palpatine will noch mächtiger werden. Deshalb überredet er die mächtige, geldgierige Handelsföderation, Naboo mit ihrer Droidenarmee zu erobern. Die Menschen auf Naboo haben keine Armee und können sich gegen den Angriff nicht wehren.

Die Handelsföderation wird von Aliens, den Neimoidianern, geleitet. Sie verlangen, dass Königin Amidala sich ergibt und ihren Befehlen folgt. Doch Amidala weigert sich.

Kanzler Valorum will Naboo helfen. Doch er weiß, dass der Senat ihn dabei nicht unterstützen wird.

Die Neimoidianer haben nämlich einige Senatoren bestochen, damit sie dem Angriff auf Naboo tatenlos zusehen.

Daher schickt Valorum heimlich zwei Jedi-Ritter, Qui-Gon Jinn und seinen Schüler Obi-Wan Kenobi, nach Naboo. Valorum hofft, dass die Handelsföderation die Jedi achtet und die Invasion beendet.

Feindliche Eindringlinge
Die Handelsföderation bedroht friedliche Welten wie Naboo mit ferngesteuerten Droidenarmeen.

Jedi-Ritter
Die Jedi-Ritter kämpfen mit Diplomatie und Lichtschwertern für die Freiheit.

Qui-Gon Jinn

Obi-Wan Kenobi

Strohmann
Der neimoidianische Vizekönig Nute Gunray hat die Invasion der Handelsföderation befohlen. Er erhält seine Befehle heimlich von Darth Sidious.

Böser Krieger
Darth Maul ist Darth Sidious' Schüler. Er benutzt ein Lichtschwert mit Doppelklinge.

Flucht nach Tatooine

Die Neimoidianer haben Angst vor den Jedi-Rittern. Doch vor dem bösen Darth Sidious fürchten sie sich noch mehr. Dieser befiehlt ihnen, die Jedi zu töten. Qui-Gon und Obi-Wan können zum Glück entkommen und in die Sümpfe von Naboo fliehen.

Dort freunden sich die Jedi mit Jar Jar Binks an, einem Gungan. Die Gungans leben teils an Land und teils in Städten unter Wasser. Der Anführer der Gungans, Boss Nass, gibt den Jedi und Jar Jar ein U-Boot, damit sie unter Wasser zur Rettung von Königin Amidala eilen können.

Qui-Gon Jinn, Obi-Wan und Amidala verlassen Naboo in einem Raumschiff, um dem Senat von der Invasion zu berichten. Doch das Schiff wird unterwegs beschädigt und sie müssen auf dem Planeten Tatooine notlanden. Sie wissen nicht, dass Darth Maul sie die ganze Zeit verfolgt.

Boss der Gungans
Boss Nass ist der Anführer der Unterwasserstadt Otoh Gunga. Er traut den Menschen nicht, weil er glaubt, dass sie die Gungans für unwichtig halten.

Freund der Jedi
Der Tollpatsch Jar Jar wird später sogar Senator von Naboo.

Sklavenjunge
Auf Tatooine gibt es Sklaven, obwohl sie in der Republik verboten sind. Anakin und seine Mutter Shmi werden getrennt, nachdem Anakin seine Freiheit gewinnt.

Welt der Verbrecher

Der Planet Tatooine ist in der Hand von Verbrechern und Sklavenhändlern. Qui-Gon und Amidala suchen hier nach einem Ersatzantrieb für Amidalas Raumschiff. Dabei lernen sie zwei Sklaven kennen, den jungen Anakin Skywalker und seine Mutter Shmi. Sie gehören einem Alien, der mit Schrott handelt.

Qui-Gon entdeckt, dass Anakin ungewöhnlich stark in der Macht ist. Er könnte einmal ein großer Jedi werden! Qui-Gon bringt Anakin und Amidala auf den Planeten Coruscant. Er will Anakin dem Jedi-Rat vorstellen. Auf Coruscant berichtet die

Oberster Krimineller
Jabba der Hutt ist der Verbrecherkönig auf Tatooine.

Königin dem Senat von der Invasion auf Naboo. Doch die Senatoren wollen nichts dagegen unternehmen.

Palpatine weiß, dass jetzt die Gelegenheit gekommen ist, Kanzler Valorum zu stürzen. Er will Amidala dazu bringen, dass sie ihm dabei hilft.

C-3PO

R2-D2

Freundliche Droiden
R2-D2 ist der Raumschiff-Reparaturdroide, der Königin Amidalas Schiff zur Flucht von Naboo verhilft. Er freundet sich mit C-3PO an, einem Droiden, den Anakin aus alten Teilen gebaut hat.

Machtkampf
Palpatine will Kanzler Valorum stürzen und selbst der neue Oberste Kanzler werden.

Verkleidung
Zu ihrer eigenen Sicherheit verkleidet sich Königin Amidala als königliche Zofe. Damit Boss Nass ihr vertraut, gibt sie sich ihm aber zu erkennen.

Kampf um die Freiheit

Qui-Gon und Obi-Wan bringen Amidala zurück nach Naboo. Amidala bittet Boss Nass, den Anführer der Gungans, um Hilfe gegen die Handelsföderation. Die Gungans haben lange Zeit nicht mit den Menschen zusammengearbeitet, weil sie denken, dass die Menschen die Gungans für unwichtig halten. Doch Boss Nass sieht, dass Amidala nicht hochmütig ist. Er findet auch, dass sie ihre Welt gemeinsam verteidigen müssen.

Doch Amidala droht große Gefahr. Darth Maul, der böse Schüler von Darth Sidious, trifft auf Naboo

Die Schlacht von Naboo
Die mutigen Gungankrieger kämpfen gegen ferngesteuerte Kampfdroiden der Handelsföderation.

ein. Maul hat den Auftrag, die beiden Jedi sowie Königin Amidala zu töten. Er greift Qui-Gon und Obi-Wan mit seinem Doppellichtschwert an. Sie wehren sich verzweifelt gegen den Sith-Lord.

Jedi gegen Sith
Die Jedi kämpfen auf Naboo gegen Darth Maul. Nur einer wird den Kampf überleben.

Anakin rettet Naboo

Der junge Anakin ist mit den Jedi nach Naboo gereist. Er soll sich eigentlich aus den Kämpfen heraushalten. Doch versehentlich startet er einen Naboo-Sternenjäger und steuert ihn geradewegs in das Droidenkontrollschiff der Handelsföderation. Anakin zerstört das Schiff. Die Kampfdroiden stehen still, und die Invasion ist beendet.

Währenddessen verwundet Darth Maul den Jedi Qui-Gon im Kampf. Obi-Wan kann den Sith-Lord schließlich besiegen, doch Qui-Gon stirbt vor seinen Augen. Sein letzter

Anakins Heldentat
Anakin stoppt die gesamte Droidenarmee der Handelsföderation, indem er Torpedos auf das Droidenkontrollschiff abfeuert.

Wunsch ist, dass Obi-Wan Anakins Jedi-Lehrer werden soll.

Als die Neimoidianer weggeführt werden, hört Amidala, dass Palpatine zum neuen Obersten Kanzler gewählt worden ist. Sie weiß nicht, dass Palpatine die Invasion geplant hat. Sie und ihre Freunde feiern das Ende des Krieges, ohne zu wissen, dass dies noch lange nicht das Ende ist.

Yoda

Die neue Regierung
Der neue Oberste Kanzler Palpatine schwört, der Republik Frieden zu bringen. Doch heimlich plant er schon den nächsten Krieg.

Mace Windu

Jedi-Rat
Yoda und Mace Windu gehören beide dem Jedi-Rat an. Eigentlich wollen sie nicht, dass Obi-Wan Anakin zum Jedi ausbildet. Doch dann achten sie Qui-Gons letzten Wunsch.

Geglückte Flucht

Amidala ist gegen den Krieg. Ihre Feinde wollen Krieg, weil er ihnen Nutzen bringt. Sie greifen Amidalas königliches Schiff an. Doch zum Glück ist sie mit einem anderen Schiff unterwegs.

Zehn Jahre später

Nach dem Tod von Darth Maul nimmt sich Darth Sidious einen neuen Schüler, Count Dooku. Dieser war einst ein Jedi, doch er ließ sich von der dunklen Seite der Macht verführen und wurde zum bösen Sith-Lord. Die Menschen in der Republik wissen das jedoch nicht.

Count Dooku führt einige Planeten an, die die Republik verlassen wollen. Sie werden Separatisten genannt. Der Senat der Republik überlegt, was man gegen

die Separatisten tun könnte. Manche meinen, man sollte eine Armee aufstellen und gegen die Separatisten Krieg führen.

Padmé Amidala ist gegen einen Krieg. Sie dient ihrem Volk jetzt als Senatorin. Padmé ist vorsichtig und reist mit einem anderen Raumschiff nach Coruscant. Zum Glück, denn ihr königliches Schiff wird angegriffen und zerstört! Steckt Dooku dahinter?

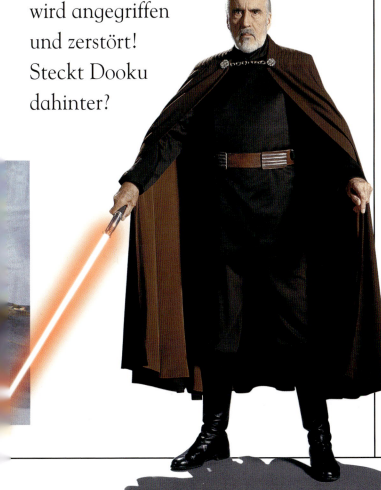

Kanzler auf Lebenszeit?
Der Oberste Kanzler Palpatine zettelt heimlich mehrere Konflikte an, damit keine Wahlen stattfinden können. So kann er länger Anführer bleiben, als eigentlich erlaubt ist.

Heimlicher Sith
Count Dooku arbeitet heimlich mit Darth Sidious zusammen. In Wahrheit ist Dooku nämlich der böse Sith-Lord Darth Tyranus.

Wieder vereint
Padmé freut sich, Anakin wiederzusehen. Doch sie wundert sich über manche seiner Ansichten.

Wahres Gesicht
Während die Attentäterin stirbt, verwandelt sich ihr menschliches Gesicht in das eines Aliens.

Padmé in Gefahr

Anakin ist in den Jahren, seit Padmé ihn das letzte Mal gesehen hat, zu einem Mann herangereift. Doch als Jedi muss er noch viel von Obi-Wan lernen.

Der Jedi-Rat gibt Obi-Wan Kenobi und Anakin Skywalker den Auftrag, Senatorin Amidala zu beschützen. Doch es gibt einen zweiten Anschlag auf ihr Leben. Wieder passiert Padmé Amidala zum Glück nichts. Diesmal ergreift Obi-Wan den Täter. Es ist eine Kopfgeldjägerin namens Zam Wesell. Der Jedi will, dass sie ihm sagt, wer sie angeheuert hat. Doch bevor sie ihm etwas sagen kann, wird sie mit einem vergifteten Pfeil ermordet. Der Mörder flieht mit einem Jetpack.

Später findet Obi-Wan heraus, dass der Kopfgeldjäger Jango Fett hinter dem Attentat steckt.

Jango Fett

Auftragsmörderin
Zam Wesell sieht wie ein Mensch aus, ist aber eine Clawditin. Diese Aliens können ihr Aussehen nach Belieben ändern.

Mann in Rüstung
Zam Wesell wird von ihrem Auftraggeber getötet, dem Kopfgeldjäger Jango Fett. Er fängt Menschen gegen Belohnung. Manchmal tötet er sie auch.

Überraschung auf Kamino

Nützlicher Freund
Dexter Jettster ist ein Alien mit vier Armen, der ein Imbisslokal im zwielichtigen KoKo-Distrikt auf Coruscant besitzt. Der Koch freut sich, seinem Kumpel Obi-Wan helfen zu können.

Obi-Wan und Anakin berichten dem Jedi-Rat von dem Attentat. Mace Windu befiehlt Anakin, Padmé nach Naboo zu bringen. Dort ist sie sicher.

Währenddessen besucht Obi-Wan seinen alten Freund Dexter Jettster, einen Waffenexperten. Dexter sagt ihm, dass der Pfeil des Attentäters

eine Waffe vom Planeten Kamino ist. Obi-Wan reist nach Kamino, um den Attentäter zu finden.

Bei seiner Ankunft macht er die Bekanntschaft sehr großer Aliens, die einen Jedi erwarten. Die Aliens sind Kaminoaner. Sie zeigen Obi-Wan die Armee, die sie für die Republik gebaut haben – eine Armee aus Klonen. Die Klonsoldaten sind Kopien eines einzigen Menschen.

Die Kaminoaner berichten Obi-Wan, dass ein Jedi-Meister namens Sifo-Dyas sie vor zehn Jahren beauftragt hat, diese Klonarmee zu bauen. Das wundert Obi-Wan, denn er hat noch nie von der Armee gehört. Um das Vertrauen der Kaminoaner zu gewinnen, tut er aber so, als wüsste er Bescheid. Später findet Obi-Wan heraus, dass Palpatine den mysteriösen Sifo-Dyas nach Kamino gesandt hat.

Klonhersteller
Die Kaminoaner sind Experten in der Klonerschaffung. Manchmal stellen sie Klone für Wesen von anderen Welten her.

Die Klonarmee

Der Premierminister von Kamino, Lama Su, führt Obi-Wan durch die riesigen Fabriken, in denen die Klonsoldaten hergestellt werden. Sie kommen in speziellen Geburtsmaschinen auf die Welt und werden von klein auf zu gehorsamen Soldaten erzogen. Die Kaminoaner haben schon 200 000 Klonkrieger herangezogen und ausgebildet. Eine weitere Million Soldaten ist fast fertig. Obi-Wan erfährt, dass jeder Klon die genaue Kopie eines Kopfgeldjägers namens Jango Fett ist. Der Jedi bittet darum, ihn kennenzulernen.

Obi-Wan trifft Jango und dessen Sohn Boba. Jango sagt, er kenne den geheimnisvollen Jedi, der die Klonarmee bestellt hat, nicht.

Klontruppen
Jeder Klon ist stets gehorsam und befolgt jeden Befehl, ohne zu fragen. Trotz ihrer menschlichen Erscheinung zeigen die Klone kaum Gefühle.

Er sagt, dass ein Mann namens Tyranus ihn bezahlt hat. Obi-Wan vermutet, dass Jango Fett hinter den Attentaten auf Senatorin Amidala steckt. Doch er hat keinen Beweis dafür.

Militärübungen
Wenn die Klonsoldaten nicht essen oder schlafen, trainieren sie, um ihre Kampfkünste zu verbessern.

Ganz der Vater
Der zehnjährige Boba Fett ist ein Klon von Jango Fett. Jango hat ihn selbst erzogen.

Weltraumjagd
Obi-Wan jagt Jango Fetts Schiff im Weltraum zwischen gefährlichen Felstrümmern hindurch. Jango feuert auf Obi-Wans Schiff, doch er kann den Jedi nicht abschütteln.

Geheimpläne

Obi-Wan berichtet dem Jedi-Rat von der Klonarmee auf Kamino. Der Rat bittet Obi-Wan, Jango Fett nach Coruscant zu bringen. Doch es gelingt Obi-Wan nicht, denn Jango greift ihn an und flieht dann mit Boba in seinem Schiff *Sklave I*.

Obi-Wan verfolgt Jango, doch die Spur des Kopfgeldjägers endet auf dem Planeten Geonosis. Millionen Droidensoldaten werden dort in einer riesigen Fabrik hergestellt. Obi-Wan entdeckt dort Count Dooku, der einige Alien-Unternehmer dazu überredet, sich den Separatisten anzuschließen.

Wat Tambor, Vorsitzender der Techno-Union

Vereinte Kräfte
Count Dooku gewinnt die gierigen Handelsorganisationen für sich. Er sagt, dass er ihnen helfen will, überall in der Galaxis Handel zu treiben.

Shu Mai, Präsidentin der Handelsgilde

Die Separatistenbewegung nennt sich nun „Konföderation unabhängiger Systeme". Sie hat eine Armee von Droidensoldaten. Obi-Wan kann diese Nachricht noch an Anakin schicken, dann nehmen ihn feindliche Droiden gefangen. Anakin informiert sofort den Jedi-Rat und eilt dann mit Padmé nach Geonosis, um Obi-Wan zu retten.

Kriegswaffen
Die insektenartigen Geonosianer bauen Waffen. Sie konstruieren die Droidensoldaten für die Separatisten.

Gefangener Jedi
Count Dooku versucht, Obi-Wans Vertrauen zu gewinnen, indem er Informationen über die Sith preisgibt. Er hofft, dadurch herauszufinden, warum Obi-Wan auf Geonosis ist, und will den Jedi-Ritter dazu bringen, mit ihm zusammenzuarbeiten.

Gefangen

Obi-Wan wird auf Geonosis gefangen genommen und in eine Gefängniszelle gesteckt. Dort wird er in einem Kraftfeld festgehalten. Count Dooku spricht mit ihm, als wäre er ein Freund. Doch Obi-Wan traut ihm nicht.

Dooku erzählt Obi-Wan, dass ein Sith-Lord namens Darth Sidious großen Einfluss im Senat hat. Sidious habe die Handelsföderation in der Schlacht von Naboo verraten.

Dooku behauptet, er habe versucht, dem Jedi-Rat von dem bösen Darth Sidious zu erzählen, doch man habe sich geweigert, ihm zuzuhören. Er lädt Obi-Wan ein, gemeinsam mit ihm die Sith zu bekämpfen.

Obi-Wan hält es zwar für möglich, dass ein Sith-Lord im Senat sitzt, glaubt aber, dass Dooku nicht die ganze Wahrheit sagt. Er lehnt Dookus Angebot ab und bleibt gefangen.

Anakin und Padmé landen auf Geonosis, um Obi-Wan zu retten, doch auch sie werden gefangen.

Kein Geschäft
Dooku verspricht, Padmé und die Jedi freizulassen, wenn sich Naboo den Separatisten anschließt. Obwohl er Padmé androht, sie zu töten, weigert sie sich, ihre Welt zu unterwerfen.

Jar Jars Missgeschick

Der Jedi-Rat berichtet dem Senat von der Klonarmee, die Obi-Wan entdeckt hat, und von der Verschwörung der Separatisten. Der Senat will jedoch keinen Krieg.

Weil Padmé nicht auf Coruscant ist, kann Palpatine Jar Jar hereinlegen. Jar Jar vertritt zusammen mit Padmé ihren Heimatplaneten Naboo. Palpatine bringt ihn dazu, dem Senat einen Vorschlag zu machen: Der Kanzler soll wichtige Sondervollmachten bekommen, mit denen er die Klonarmee in den Kampf schicken kann. Palpatine sagt Jar Jar, dass Padmé damit einverstanden wäre. Die Senatoren vertrauen Jar Jar und stimmen zu.

Ausgetrickster Jar Jar
Jar Jar Binks will nur seine Freunde auf Geonosis retten. Deswegen hilft er Palpatine, die Klonarmee einzusetzen. Jar Jar merkt nicht, dass der Sith-Lord ihn hereingelegt hat.

Ausweglos?
Padmé, Anakin und Obi-Wan sollen in der Arena von Bestien getötet werden.

Inzwischen werden Obi-Wan, Padmé und Anakin auf Geonosis in eine riesige Arena gebracht. Sie sollen von gefährlichen Bestien gefressen werden. Zum Glück kommen rechtzeitig viele Jedi und Klonsoldaten, um sie zu retten.

Es kommt zum Kampf der mächtigen Klonarmee unter Führung der Jedi gegen die Droiden der Konföderation.

Letztes Mittel
Die Jedi wollen statt Krieg lieber eine friedliche Lösung von Konflikten. Doch nun müssen sie die Klontruppen in die Schlacht von Geonosis führen.

Geheime Pläne

Die Armee der Republik besiegt die Droiden der Konföderation in der Schlacht von Geonosis. Währenddessen übergibt der Erzherzog von Geonosis die Pläne für eine Superwaffe an Count Dooku. Der Sith-Lord flieht in seinem Schiff. Anakin versucht, ihn aufzuhalten, doch er wird schwer verwundet.

Viele Jedi sterben in der Schlacht von Geonosis. Die Überlebenden kehren nach Coruscant zurück. Anakin begleitet Padmé zurück nach Naboo.

Superwaffe
Die Geonosianer übergeben Count Dooku die Pläne für die größte Waffe, die die Galaxis je gesehen hat – den Todesstern!

Falsches Spiel
Die dunklen Sith-Lords Darth Sidious und Count Dooku wollten niemals, dass die Konföderation die Schlacht gewinnt. Sie wollten nur Verwirrung stiften, damit sie während des Krieges unbemerkt die Republik unter ihre Kontrolle bringen können!

Kein echter Sieg
Obi-Wan glaubt zuerst, die Schlacht von Geonosis sei ein Sieg für die Republik. Yoda widerspricht ihm, denn er weiß, dass dies nur der Anfang der Klonkriege ist.

Die anderen Jedi ahnen nicht, dass sich Anakin und Padmé ineinander verliebt haben. Sie wissen auch nicht, dass Dooku ebenfalls nach Coruscant gereist ist, um seinem Meister Darth Sidious zu berichten.

Heimliche Hochzeit
Jedi dürfen nicht heiraten, damit ihre Gefühle nicht ihre Entscheidungen beeinflussen. Deshalb müssen Padmé und Anakin heimlich auf Naboo heiraten. Nicht einmal Anakins Freund Obi-Wan erfährt davon.

Verrat an Dooku

Nach der Schlacht von Geonosis entführt General Grievous von der Konföderation den Anführer der Republik, den Obersten Kanzler Palpatine.

Cyborg-General
General Grievous ist der Oberbefehlshaber der Droidenarmee. Count Dooku trainierte den Cyborg in der Kunst des Lichtschwertkampfes. Er erhält seine Befehle von Darth Sidious.

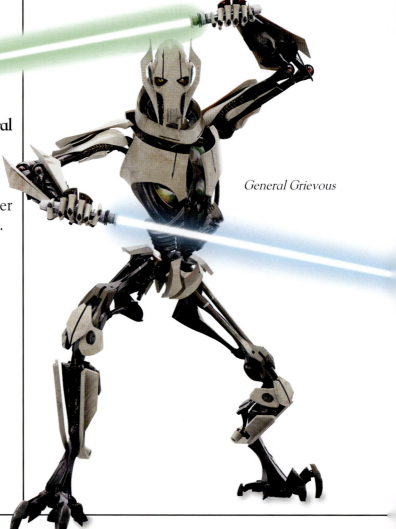

General Grievous

Jedi-Duell
Count Dooku und Anakin kämpfen mit ihren Lichtschwertern erbittert gegeneinander.

Obi-Wan, Anakin und R2-D2 folgen Grievous an Bord seines Flaggschiffs. Die Jedi kämpfen gegen Grievous. Dann finden sie heraus, dass Palpatine von Count Dooku gefangen gehalten wird.

Obi-Wan kämpft gegen Dooku, doch er kann ihn nicht besiegen. Anakin versucht es, und Palpatine stachelt ihn dazu an, Dooku zu töten. Dooku ist entsetzt – er dachte, Palpatine würde ihm zu Hilfe kommen! Anakin gehorcht Palpatine.

Die Jedi bringen den Kanzler zurück nach Coruscant.

Geheime Prüfung
Palpatine befiehlt Anakin, Count Dooku zu töten. Er will prüfen, ob Anakin sein neuer Sith-Schüler werden könnte. Anakin gehorcht!

Geteilte Treue

Kurz nach Anakins Rückkehr nach Coruscant sagt Padmé ihm, dass sie schwanger ist. Anakin freut sich über die Nachricht. Doch er hat Albträume, die in ihm die Sorge wecken, Padmé könnte sterben.

Währenddessen sorgt sich Padmé immer mehr um die Zukunft der Republik. Kanzler Palpatine hat viele Gesetze geändert. Angeblich helfen ihm die neuen Gesetze, die Feinde der Republik zu besiegen. Doch sie sorgen auch dafür, dass Palpatine immer mehr selbst bestimmen kann, ohne den Senat zu fragen.

Besorgte Senatoren
Padmé, Bail Organa und Mon Mothma gehören zu den Senatoren, die fürchten, dass Palpatine die Demokratie zerstören will.

Padmé

Bail Organa

Mon Mothma

Auch der Jedi-Rat traut Palpatine nicht. Als der Kanzler Anakin zu seinem Vertreter im Rat macht, bittet der Jedi-Rat Anakin, Palpatine auszuspionieren. Anakin hofft, nun endlich ein Jedi-Meister zu werden. Er wird sehr wütend, als der Rat findet, er sei dafür noch nicht bereit.

Vertrauen wecken
Palpatine teilt wichtige Informationen mit Anakin, damit er sich wie ein Freund fühlt.

Zwischen den Fronten
Anakin erfährt, dass der Jedi-Rat von ihm erwartet, Palpatine auszuspionieren. Er fühlt sich zwischen seiner Treue zum Kanzler und der zum Rat hin- und hergerissen.

Anakin wird getäuscht
Palpatine schürt Anakins Misstrauen gegenüber Obi-Wan und Padmé.

Darth Vader

Der Jedi-Rat erfährt, dass General Grievous auf dem Planeten Utapau gesichtet wurde. Sie schicken Obi-Wan und zwei Klonbrigaden dorthin. Obi-Wan kann Grievous besiegen.

Palpatine gibt sich Anakin als Sith-Lord zu erkennen. Er überzeugt Anakin davon, dass nur die dunkle Seite der Macht Padmé vor Unheil schützen kann.

Mace Windu und drei weitere Jedi treten Palpatine gegenüber und verlangen das Ende der Klonkriege.

Anakin ist inzwischen sicher, dass die Jedi seine Feinde geworden sind. Er beschließt, sich der dunklen Seite der Macht zuzuwenden und will Palpatines Verbündeter werden. Gemeinsam töten er und Palpatine die vier Jedi-Ritter.

Palpatine macht Anakin zu seinem Schüler und gibt ihm den Sith-Namen Darth Vader. Er befiehlt Vader, alle Jedi auf Coruscant zu ermorden und dann die Anführer der Konföderation zu beseitigen, die sich auf dem Planeten Mustafar verstecken.

Gescheiterte Mission
Mace Windu erkennt, dass Palpatine den Krieg nicht beenden will. Er und drei weitere Jedi wollen Palpatine festnehmen. Doch der Sith-Lord hat sie bereits erwartet.

Vollkommene Macht

Darth Vader führt Palpatines grausigen Befehl aus und ermordet die Jedi auf Coruscant. Doch Palpatine genügt das noch nicht. Er befiehlt seinen Klonkommandanten, die Jedi-Ritter in der ganzen Galaxis zu töten. Die Klone gehorchen dem Befehl und greifen ihre Jedi-Anführer an.

Überraschungsangriff
Die Klontruppen haben immer auf Seiten der Jedi gekämpft. Daher sind die Jedi völlig überrumpelt, als die Klone das Feuer auf sie eröffnen.

Yoda und die Wookiees
Auf dem Planeten Kashyyyk hilft Yoda den Wookiees, sich gegen die Droiden der Handelsföderation zu verteidigen. Yoda wird von den eigenen Truppen angegriffen, doch er überlebt. Die Wookiees Tarfful und Chewbacca helfen ihm zu fliehen.

Chewbacca

Yoda und Obi-Wan können entkommen. Sie treffen sich mit ihrem Verbündeten, Senator Bail Organa von Alderaan. Als sie wieder auf Coruscant sind, erfahren sie, dass Palpatine sich nun Imperator nennt. Er hat die Republik jetzt ganz in seiner Gewalt. Keiner wagt es, ihn aufzuhalten.

Bald finden Yoda und Obi-Wan heraus, dass Palpatine ein dunkler Sith-Lord ist und Anakin sein Schüler Darth Vader.

Böser Imperator
Kanzler Palpatines Gesicht ist durch den Kampf mit Mace Windu schrecklich entstellt. Er sagt dem Senat, die Jedi hätten versucht ihn umzubringen. Niemand wagt ihn aufzuhalten, als er sich selbst zum Imperator ausruft.

Eindeutige Beweise
Yoda und Obi-Wan finden auf Coruscant eine Aufzeichnung, die zeigt, dass Anakin die Jedi verraten und sich der dunklen Seite zugewandt hat.

Feuerplanet
Mustafar ist eine dunkle, schaurige Welt, die von Vulkanen bedeckt ist. Die Einwohner leben an den Hängen großer Berge.

Angriff auf Mustafar

Auf der Suche nach Anakin geht Obi-Wan zu Padmés Wohnung. Padmé ist froh, dass Obi-Wan den Angriff überlebt hat. Sie will ihm nicht glauben, dass Anakin sich dem Bösen zugewandt hat. Anakin hat Padmé gesagt, er würde nach Mustafar reisen, um gegen die Konföderation zu kämpfen. Doch zu Obi-Wan sagt sie, sie wisse nicht, wo Anakin sei.

Nachdem Obi-Wan gegangen ist, besteigen Padmé und C-3PO ihr Raumschiff und fliegen nach Mustafar. Sie ahnen nicht, dass sich

Ende des Widerstands
Nachdem Palpatine befohlen hat, die Anführer der Konföderation zu töten, gibt es keinen Widerstand gegen das Imperium mehr.

Obi-Wan in dem Schiff versteckt hat, weil er hofft, dass Padmé ihn zu Anakin führen wird.

Auf Mustafar führt Anakin Palpatines Befehle aus und tötet die Anführer der Separatisten. Kaum hat Palpatine davon erfahren, greift Yoda den selbsternannten Imperator mitten im Senat an. Doch selbst Yoda kann ihn nicht besiegen.

Yoda gegen den Imperator
Yoda und Palpatine kämpfen im Senat mit ihren Lichtschwertern gegeneinander.

Aus Freunden werden Feinde
Obi-Wan weiß, dass es den alten Anakin nicht mehr gibt. Dennoch ist er traurig, dass er gegen seinen früheren Schüler kämpfen muss.

Schreckliches Duell

Padmé landet auf Mustafar und stellt Anakin wegen all der bösen Dinge, die er getan hat, zur Rede. Anakin behauptet, seine Taten hätten der Republik Frieden gebracht.

Er sagt, er könne seine Macht einsetzen, um Palpatine zu stürzen und allein über die Galaxis zu herrschen. Padmé will ihm sagen, dass sie ihn trotz allem liebt. Doch da sieht Anakin Obi-Wan aus ihrem Raumschiff kommen und wird wütend. Er würgt Padmé, bis sie ohnmächtig ist.

Anakin und Obi-Wan kämpfen mit ihren Lichtschwertern gegeneinander. Sie führen ein schreckliches Duell über mehrere Ebenen der vulkanischen Welt. Obi-Wan gelingt es, Anakin schwer zu verwunden, und überlässt ihn dem Tod. Dann flieht er mit Padmé ins All. Er sieht nicht, dass auch der Imperator auf Mustafar landet.

Vader lebt
Palpatine spürt, dass Vader in Gefahr ist. Er reist in seinem imperialen Shuttle nach Mustafar, um ihm zu helfen. Schnell bringt er Vader in ein medizinisches Zentrum auf Coruscant.

Hilfreiche Droiden
R2-D2 und C-3PO bringen die verletzte Padmé zurück auf ihr Schiff.

Geburt und Tod

Padmé wird auf den fernen Asteroiden Polis Massa gebracht. Dort bringt sie Zwillinge zur Welt, denen sie die Namen Luke und Leia gibt. Kurz nach der Geburt stirbt Padmé. Es wird beschlossen, die Zwillinge zum Schutz vor den Sith zu verstecken. Bail Organa adoptiert Leia, und Obi-Wan verspricht, Luke nach Tatooine zu bringen.

Als Vader im medizinischen Zentrum auf Coruscant erwacht, ist sein verstümmelter Körper repariert.

Jedi-Zwillinge
Luke und Leia haben ihre Mutter nie kennengelernt. Beide werden viele Jahre später ihrem Vater begegnen – ohne zu wissen, wer er ist.

Rüstung des Bösen
Darth Vaders Körper ist so schwer verletzt, dass er die Lebenserhaltungssysteme seiner Rüstung braucht, um zu atmen.

Vader ist nun zum Teil ein Roboter und trägt eine schwarze Rüstung. Bald erholt er sich und kann seinen Meister Darth Sidious beim Bau des Todessterns unterstützen. Er weiß nicht, dass Padmé seinen Sohn und seine Tochter geboren hat.

Mehr Lügen
Der Imperator lässt zu, dass Vader glaubt, er habe seine geliebte Padmé getötet. Vader soll keine menschlichen Gefühle mehr haben.

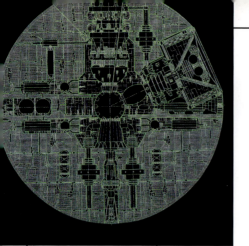

Todesstern
Wenn die riesige Kampfstation fertig ist, kann sie ganze Planeten zerstören.

Die Zukunft

Es wird viele Jahre dauern, bis der Todesstern fertiggestellt ist. Der Imperator glaubt, dass jeder Planet der Galaxis die riesige Kampfstation fürchten und seinen Befehlen gehorchen wird. Da er sich für allmächtig hält, kümmert er sich nicht um die überlebenden Jedi.

Yoda reist nach Dagobah, einem scheußlichen Sumpfplaneten, der voller fleischfressender Kreaturen ist. Der kleine Jedi-Meister wird den Rest seines Lebens dort verbringen.

Jedi im Versteck
Nur wenige Lebewesen im Imperium wissen überhaupt von der Existenz des Planeten Dagobah. Er ist das perfekte Versteck für Yoda.

Obi-Wan übergibt Luke auf Tatooine Anakins Stiefbruder Owen Lars. Danach sucht er sich ein Heim auf der Wüstenwelt. Er vertieft sein Training und sein Studium der Macht, bis der Tag kommt, an dem Bail Organa ihn für eine letzte Mission wieder zur Pflicht rufen wird.

Eine neue Hoffnung
Owen und seine Frau ziehen Luke groß. Sie wollen den Kontakt mit dem alten „Ben" Kenobi verhindern. Doch Luke wird ein Jedi-Ritter werden.

Glossar

Attentat
Angriff auf das Leben einer Person.

Demokratie
Eine Gemeinschaft, in der das Volk seine Vertreter wählt.

Diplomatie
Durch Reden statt durch Kämpfen etwas erreichen.

Föderation
Zusammenschluss von Gruppen oder Planeten, die dieselben Ziele haben.

Imperium
Eine Gemeinschaft, die von einem allmächtigen Imperator regiert wird.

Intrigant
Jemand, der böse Pläne schmiedet.

Invasion
Der Einmarsch einer Armee in ein Land, um es zu unterwerfen.

Jetpack
Ein Raketenantrieb, den man sich auf den Rücken schnallen kann.

Klon
Eine genaue Kopie eines Lebewesens.

Konföderation
Ein Zusammenschluss verschiedener unabhängiger Gruppen oder Völker.

Königreich
Ein Land, das von einem König oder einer Königin regiert wird.

Kopfgeldjäger
Jemand, der Kriminelle gegen Geld fängt.

Politiker
Jemand, der hilft, ein Volk zu regieren.

Regierung
Die Anführer, die ein Volk leiten.

Republik
Eine Gemeinschaft, in der das Volk seine Anführer wählt.

Separatist
Eine Person oder Gruppe, die sich von einer größeren Gruppe trennen möchte.

Sith-Lord
Ein Anführer der Sith. Die Sith können wie die Jedi-Ritter die Macht nutzen, verwenden sie aber für Böses.

Sklave
Jemand, der einer anderen Person gehört und für sie arbeiten muss. Sklaven müssen Befehlen gehorchen und dürfen nicht tun, was sie wollen.

Verrat
Ein Versprechen brechen.

Wahl
Abstimmung, mit der Personen ihre Anführer bestimmen.

Widerstand
Gegen etwas kämpfen.

STAR WARS
KAMPF GEGEN DEN TODESSTERN

von Simon Beecroft

Das ist kein Mond!

 Du fliegst durch die Tiefen des Weltraums.

Plötzlich schießt ein TIE-Jäger, ein kleines feindliches Kampfschiff, vorbei.

Woher kam es? Alles, was du sehen kannst, ist ein kleiner Mond vor dir.

Doch halt, das ist gar kein Mond! Es ist eine Raumstation, so groß, wie du noch keine gesehen hast.

Schnell, kehr um!

Irgendetwas stimmt nicht mit deinem Schiff. Es lässt sich nicht mehr wenden!

Du wirst von der größten und bedrohlichsten Kampfstation der Galaxis angezogen: dem Todesstern.

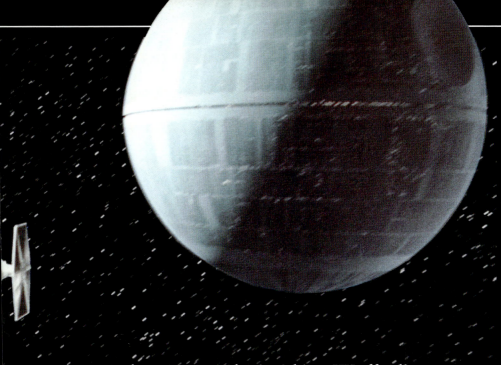

Der Todesstern ist die stärkste Waffe des bösen Imperiums. Er hat einen Superlaser, der so stark ist, dass er einen ganzen Planeten mit einem einzigen gigantischen Schuss zerstören kann.

Wer hat diese Waffe gebaut? Was will er damit erreichen?

Der Todesstern
Auf dem Todesstern leben etwa 1,7 Millionen Menschen und über 400 000 Droiden.

Wie man einen Todesstern baut

Nur ein Mann in der Galaxis ist so böse, dass er eine Superwaffe braucht, die Planeten zerstören kann: Imperator Palpatine. Der Imperator ist ein grausamer Sith-Lord. Er regiert die Galaxis mit der Hilfe von Darth Vader und riesigen Armeen von schwer bewaffneten Sturmtruppen. Der Imperator schreckt vor nichts zurück, um seine Macht zu vergrößern.

Palpatine plant, den Todesstern einzusetzen, um seine Gegner zu erpressen und die Rebellenallianz zu zerstören. Jeder, der die Schlagkraft dieser riesigen Waffe sieht, wird seinen Befehlen gehorchen.

Tarkin überwacht den Bau des Todessterns gemeinsam mit dem Imperator und Darth Vader.

Großmoff Tarkin ist einer der Oberbefehlshaber des Imperators. Er überwacht im

Der Konferenzraum

Großmoff Tarkin und Darth Vader befehligen den Todesstern von der Kommandoebene aus, wo sie ihre bösen Pläne in einem dunklen Raum schmieden.

Der Todesstern besitzt eine speziell ausgebildete Kampftruppe, die Todessternsoldaten. Bei wichtigen Besprechungen der höchsten Befehlshaber stehen zwei Todessternsoldaten Wache.

Die Anführer des Imperiums sitzen um einen schwarzen Tisch herum. In der Mitte des Tisches steht ein Holoprojektor, der taktische Hologramme oder Karten darstellt.

Während der Besprechungen schüchtert Darth Vader seine Offiziere manchmal ein, indem er sich der dunklen Seite der Macht bedient. Auf diese Weise sieht jeder, was passiert, wenn er sich Darth Vader widersetzt!

Bereit machen und feuern ...

Großmoff Tarkin und Darth Vader haben Prinzessin Leia, eine Anführerin der Rebellen, gefangen genommen. Sie soll ihnen verraten, wo sich die versteckte Rebellenbasis befindet.

Tarkin und Vader drohen, Leias Heimatplaneten Alderaan zu zerstören, wenn sie sich weigert. Leia sagt, die Basis befinde sich auf dem Planeten Dantooine. Aber dann beschließt Tarkin, Alderaan trotzdem zu zerstören. Er will den Rebellen zeigen, über welch mächtige Waffe das Imperium verfügt.

Die schüsselförmige Superwaffe schießt acht Lichtstrahlen ab, die sich zu einem starken Laserstrahl vereinen. Der kleine grüne Planet wird zu Weltraumstaub zermahlen.

Superlaser
Der Superlaser des Todessterns verbraucht so viel Energie, dass er 24 Stunden lang wieder aufgeladen werden muss, bevor er erneut feuern kann.

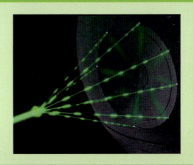

In der Falle!

Während Leia auf dem Todesstern gefangen gehalten wird, ist Luke Skywalker auf dem Weg nach Alderaan. Er reist in Han Solos Raumschiff, dem *Millennium Falken.* Mit ihm reisen der Kapitän des Raumschiffes, Han Solo, sowie die Jedi-Ritter Obi-Wan Kenobi, der Wookiee Chewbacca und die Droiden C-3PO und R2-D2.

Als sie an der Stelle ankommen, wo sich der Planet Alderaan befunden hat, sehen sie einen imperialen TIE-Jäger. Er rast auf einen kleinen Mond zu. Doch da erkennen sie: Das ist gar kein Mond – es ist eine Raumstation, der Todesstern!

Der Todesstern setzt einen unsichtbaren Traktorstrahl ein, um das Raumschiff zu ergreifen. Es kann nicht entkommen. Der Strahl zieht das Schiff in eine Andockbucht in einem kilometertiefen Graben, der rund um die Mitte des Todessterns verläuft.

Gefährliches Äußeres
Die Außenhülle des Todessterns ist mit Waffen bestückt, darunter 10 000 Turbolasergeschütze und 2500 Laserkanonen. 8000 Traktorstrahl-Projektoren können feindliche Schiffe ergreifen, die ihm zu nahe kommen.

Im Inneren des Todessterns

Der *Falke* wird gezwungen, in einem riesigen Hangar zu landen. Ein unsichtbarer Schild vor dem Eingang erhält die Atmosphäre aufrecht, sodass man im Inneren ganz normal atmen kann, als wäre man auf einem Planeten.

Andockbuchten
Der Todesstern hat viele Andockbuchten für Raumschiffe. Manche sind für Besucherschiffe vorgesehen, andere sind Hangars für imperiale Jäger wie den TIE.

Neben dem Schiff befindet sich ein großes Loch im Boden. Ein Aufzug transportiert Schiffe, die repariert werden müssen, auf- und abwärts.

Durch die Fenster des Kontrollraums blickt man auf den Hangar. Das Raumschiff wird von Sturmtruppen umringt.

Sturmtruppen

Die Sturmtruppen sind die Elitesoldaten des Imperiums. Sie tragen weiße Helme, die ihre Gesichter bedecken, und Rüstungen, die aus 18 Teilen bestehen.

Sturmtruppen sind mit Blasterpistolen oder Blastergewehren bewaffnet und gehorchen Darth Vaders Befehlen.

Eine Sturmtruppen-Einheit geht an Bord des *Falken*. Sie sucht nach dessen Besatzung. Luke und die anderen aber verstecken sich in Geheimkammern unter dem Boden.

Kontrollgänge
Mindestens 25 000 Sturmtruppler dienen gleichzeitig auf dem Todesstern. Sie patrouillieren durch jeden Teil der riesigen Kampfstation.

Ich kann in diesem Helm nichts sehen!

Han und Luke locken zwei Sturmtruppler in einen Hinterhalt und stehlen ihre Rüstungen. Als Sturmtruppler verkleidet entdecken sie, dass Prinzessin Leia gefangen genommen wurde.

Turbolifts
Aufzüge, sogenannte Turbolifts, verbinden alle Teile des Todessterns miteinander. Sie bewegen sich nach oben und unten sowie von einer Seite zur anderen. Manche Turbolifts sind für Offiziere reserviert.

Luke hat einen schlauen Plan, um Leia zu retten. Sie legen Chewbacca Handschellen an und tun so, als wäre er ihr Gefangener. Han und Luke versuchen, ganz locker zu wirken, während sie in ihrer Sturmtruppler-Verkleidung auf einen Turbolift warten. Soldaten, Bürokraten und Roboter kommen vorbei, doch die meisten beachten das Trio gar nicht. Nur ein paar werfen verwunderte Blicke auf den riesigen Wookiee!

Der Ausbruch

Endlich finden Luke und Han den Zellblock, in dem Leia gefangen gehalten wird. Ein imperialer Offizier wird jedoch misstrauisch, und es kommt zu einem Feuergefecht! Endlich hat Luke die richtige Zelle gefunden und kann Leia befreien. Doch schon treffen weitere Sturmtruppen ein und schneiden ihnen den Rückweg ab. Han und Luke liefern sich eine Schießerei mit den Sturmtruppen, doch lange werden die Soldaten sich nicht aufhalten lassen. Leia muss

Verhördroiden
Die imperialen Zellblöcke sind schreckliche Orte. Sicherheitskameras beobachten die Gefangenen, während Verhördroiden ihnen Elektroschocks zufügen, um sie zu zwingen, Fragen zu beantworten.

sich jetzt schnell etwas einfallen lassen. Der einzige Fluchtweg, der ihnen jetzt noch bleibt, führt in den Müllschacht!

Irgendwas Lebendiges ist hier!

Luke, Leia, Han und Chewbacca rutschen den Müllschacht hinunter und landen in einer stinkenden, schmutzigen Müllpresse. Hier wird Abfall aller Art gesammelt, zusammengepresst und in den Weltraum katapultiert. Der Ausgang des Raums ist fest verschlossen.

Als Han versucht, den Weg nach draußen frei zu schießen, prallt der Laserschuss von den

Dianoga-Müllkrake
Dianogas leben in Müllpressen, Abfallgruben und Kloaken in der gesamten Galaxis und ernähren sich von Essensresten und Müll.

Wänden des kleinen metallischen Raums ab und verfehlt seine Freunde nur knapp. Dann hören sie ein furchtbares Grollen und merken, dass etwas Lebendiges mit ihnen in der Müllpresse ist!

    Plötzlich greift ein langer Tentakel nach Luke und zieht ihn unter Wasser. Die anderen glauben schon, Luke sei für immer verschwunden, da lässt die Kreatur ihn plötzlich los. Doch ihre Erleichterung ist nur von kurzer Dauer, denn jetzt bewegen sich die Wände der Müllpresse nach innen und kommen ihnen immer näher!

Droiden zu Hilfe!

Luke ruft in sein Komlink, um C-3PO und R2-D2 zu Hilfe zu holen. C-3PO kann jedoch nicht antworten, weil Sturmtruppen den Kontrollraum durchsuchen.

Um die Soldaten auf eine falsche Fährte zu locken, sagt C-3PO ihnen, dass Luke und die anderen auf dem Weg zum Gefängnisblock sind. Die Sturmtruppen machen sich auf die Suche nach Luke, Han und Chewbacca.

Endlich kann C-3PO Luke hören, der den Droiden anfleht, die Müllpresse abzustellen. R2-D2 macht sich an der Elektronik des Todessterns zu schaffen.

Den Droiden bleibt nur wenig Zeit. Doch sie schaffen es rechtzeitig! Die Freunde jauchzen vor Freude, weil die Wände aufgehört haben, sich nach innen zu bewegen. Gut gemacht, R2-D2!

Verzweifelter Sprung über den Abgrund

Auf der Flucht vor den gefährlichen Sturmtruppen rennen Luke und Leia durch eine Tür – und stürzen fast in einen Abgrund. Unter ihnen befindet sich ein tiefer Schacht, der keinen Boden zu haben scheint!

Luke feuert auf die Sturmtruppen, und Leia legt einen Hebel um, der die Tür schließt. Nun kauern sie sich auf den winzigen Vorsprung, ohne Hoffnung auf Rettung.

Gleich werden die Sturmtruppen die Tür öffnen. Von der anderen Seite des Abgrunds eröffnen weitere Sturmtruppen das Feuer auf sie. Luke schießt auf diese neuen Feinde, aber dann kommt ihm eine Idee.

Er schnappt sich ein Seil, das an seinem Gürtel hängt, und wirft es in die Höhe.

Luftschächte
Im Todesstern gibt es viele Luftschächte. Sie sind Teil des Systems, das Frischluft durch sein Inneres strömen lässt.

Dort hakt es sich zum Glück an einem vorstehenden Rohr ein. Leia umklammert ihn, und gemeinsam schwingen sie sich über den Abgrund in Sicherheit.

Allein auf Mission

Reaktorkupplungen sind Vorrichtungen, über die der Traktorstrahl des Todessterns mit Energie versorgt wird. Dieser Fangstrahl verhindert, dass Han Solos Schiff den Todesstern verlassen kann. Obi-Wan kann den *Falken* befreien, indem er eine dieser Verbindungen unterbricht.

Er schlüpft an den Sturmtruppen vorbei, indem er sich mithilfe der Macht verbirgt.

Schließlich kommt er zur Reaktorkupplung. Sie befindet sich über einem Schacht, der hundert Kilometer tief zu sein scheint.

Der Jedi schleicht über einen schmalen Sims zu einer Kontrolltafel. Schnell schaltet er die Maschinen aus.

Das letzte Duell

Das furchterregendste Wesen auf dem Todesstern ist Darth Vader. Wenn er mit seinem schwarzen Umhang einen Korridor hinuntergeht, ruft sein Anblick Schrecken hervor. Vader kann fühlen, dass Obi-Wan sich auf dem Todesstern befindet, und spürt ihn auf.

Sie stehen einander gegenüber. Wusch! Ihre Lichtschwerter prallen aufeinander, dass die Funken sprühen!

Das Ende einer Freundschaft
Darth Vader ist ein Sith-Lord. Früher war er einmal der Jedi Anakin. Luke ist sein Sohn, doch weiß dieser lange Zeit nicht von seinem Vater. Obi-Wan war Anakins Meister, bis dieser zum Sith wurde. Anakin hat gegen Obi-Wan gekämpft, aber verloren. Seitdem wollte er sich an ihm rächen.

Luke beobachtet, wie Obi-Wan jede Bewegung Vaders pariert, bis der alte Jedi-Meister mit ruhigem Blick still stehen bleibt. Vader schlägt Kenobi mit einem einzigen Schlag seines Lichtschwerts nieder. Obi-Wans Mantel fällt zu Boden, aber er selbst ist nicht mehr darin.

Luke schreit ungläubig „Nein!", als Vader den leeren Umhang mit dem Fuß anstupst. Lukes Beschützer und Lehrmeister Obi-Wan Kenobi scheint für immer verloren zu sein.

Wir haben's noch nicht überstanden!

Dank Obi-Wans selbstlosem Einsatz kann der *Falke* vom Todesstern fliehen. Aber TIE-Jäger verfolgen ihn! Luke und Han arbeiten zusammen, bedienen ihre Turbolaser und jagen alle feindlichen Schiffe in die Luft. Han und Luke sind erleichtert, aber Leia vermutet, Großmoff Tarkin habe sie absichtlich entkommen lassen.

Leia hat recht – Tarkin beobachtet, wohin sie fliegen. Er will immer noch herausfinden, wo sich die versteckte Rebellenbasis befindet.

X-Flügler
X-Flügler sind Sternenjäger (siehe Seite 42). Sie haben vier Flügel, die sogenannten S-Flügel, die ein X bilden. Ein Unternehmen namens Incom baut diese schnellen Raumschiffe.

Angriff der Rebellen

Die Feuerkraft des Todessterns ist sehr stark. Selbst wenn man die Waffen der halben imperialen Sternenflotte zusammennimmt, sind sie nicht stärker als der Superlaser. Doch die Rebellen haben eine Möglichkeit entdeckt, wie

Anweisungen für die Rebellen
In der Rebellenbasis auf Yavin 4 studieren die Rebellen die Pläne des Todessterns, die R2-D2 heimlich gespeichert hat. Leia weiß, dass die Rebellen schnell handeln müssen, wenn sie Vader überrumpeln wollen.

man ihn vielleicht zerstören kann. Dazu müssen die Rebellenpiloten all ihr Können einsetzen, um durch einen engen Graben auf der Oberfläche des Todessterns zu fliegen.

Am Ende des Grabens befindet sich ein Abluftschacht. Wenn sie einen genauen Treffer direkt in dieses winzige Loch landen können, wird der Schuss den Hauptreaktor zerstören. Dies würde eine Explosion auslösen, die die ganze Kampfstation vernichtet.

Die Rebellen hoffen, dass ihre Schiffe klein genug sind, um die äußeren Verteidigungsanlagen des Todessterns zu umgehen. Doch wem wird der schwierige Treffer gelingen?

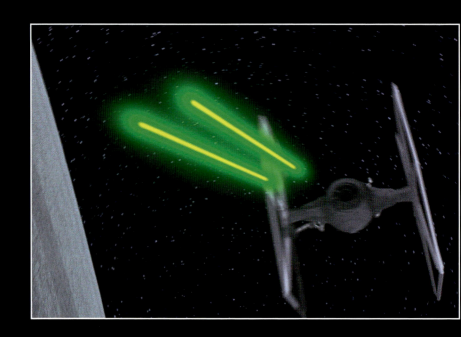

Verteidigung mit Turbolasern

Der Todesstern besitzt starke Turbolaser, aber die Sternenjäger sind sehr flink. Auch sind die Verteidigungsvorrichtungen des Todessterns nicht stark genug gegen die Macht.

Luke vertraut der Macht und nicht seinem Zielcomputer. Nur so schafft er es, zwei Protonentorpedos in den Reaktorkern zu feuern.

Der Plan der Rebellen geht auf: Der Reaktor explodiert, und die Kampfstation wird zerstört, bevor sie die Rebellenbasis angreifen kann. Ein Sieg für die Rebellen!

Doch der finstere Imperator wird sich von diesem Rückschlag nicht aufhalten lassen. Er hat schon einen neuen Plan …

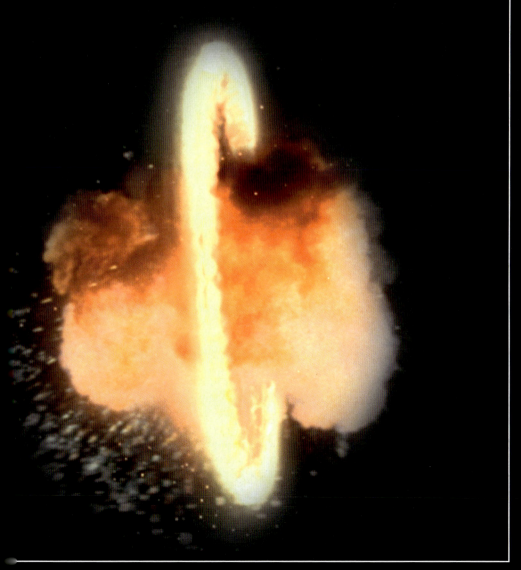

Der zweite Todesstern

Lukes gezielter Schuss hat den Todesstern zerstört. Nun glauben die Rebellen, dass sie für eine Weile vor dem Imperium sicher sind.

Doch der Imperator befiehlt schon wenig später den Bau eines zweiten Todessterns. Diese Kampfstation soll sogar noch größer werden als die erste. Sie hat auch Tausende Turbolaser mehr!

Der zweite Todesstern hat einen stärkeren und genaueren Superlaser. Es dauert nicht mehr 24 Stunden, bis er aufgeladen ist, sondern nur noch drei Minuten. Der neue Superlaser kann ganze Planeten zerstören, aber auch auf kleine Ziele wie feindliche Raumschiffe feuern.

Der Imperator ist sich sicher, dass er den Aufstand der Rebellen mithilfe des neuen Todessterns für immer niederschlagen wird.

Imperator Palpatine trifft ein

Das persönliche Shuttle des Imperators landet auf dem neuen Todesstern. Er kommt, um die neue Kampfstation zu begutachten. Palpatine wird von Darth Vader begrüßt.

Hunderte von Sturmtrupplern stehen in Reih und Glied, und seine rot gewandete, furchterregende Ehrengarde verbeugt sich vor ihm.

Der Imperator will, dass sein Todesstern aussieht, als wäre er noch nicht fertig. Das ist eine List, um die Rebellen dazu zu bringen, ihn anzugreifen. Der Superlaser des Todessterns ist nämlich schon fertiggestellt, und er ist eine höchst gefährliche Waffe!

Wenn die Rebellen angreifen, will der Imperator mit dem Superlaser ihre Flotte zerstören und damit ihren Widerstand brechen.

Der Thronsaal

Auf dem zweiten Todesstern hat Imperator Palpatine eine private Kommandozentrale. Sie befindet sich in der Spitze eines 100 Stockwerke hohen Turms.

Im Thronsaal gelten allerhöchste Sicherheitsvorkehrungen und strengste Bewachung, damit keine Eindringlinge hineinkommen können.

An allen Eingängen gibt es Fallen für ahnungslose Einbrecher. Zudem bewachen die rot gewandeten Soldaten der Ehrengarde die Eingänge. Der Thronsaal hat auch eine Andockvorrichtung für das persönliche Shuttle des Imperators und ein Schlafgemach, in dem seine Gesundheit überwacht wird.

Imperator Palpatine sitzt auf einem großen Thron. Hier schmiedet er seinen schrecklichsten Plan: Er will Luke Skywalker zur dunklen Seite der Macht verführen.

Der Imperator ist sich sicher, dass Luke sehr wütend auf seinen Vater, Darth Vader, sein wird. Luke wird so wütend sein, dass er Vader tötet! Wenn Luke eine so böse Tat begeht, wird er zu einem dunklen Sith-Lord werden. Der Imperator will ihn dann zu seinem neuen Schüler machen.

Entscheidungskampf

Der Plan des Imperators geht auf! Die Rebellen beschließen, den zweiten Todesstern anzugreifen, weil er schwach und ungeschützt aussieht. Die Rebellenflotte wird von Han Solos

Freund Lando Calrissian angeführt, der den *Falken* fliegt. Die Rebellen wissen nicht, dass es sich um eine Falle handelt.

In der Zwischenzeit lockt Palpatine den ahnungslosen Luke in einen Kampf mit Darth Vader. Luke besiegt seinen Vater – doch er weigert sich, ihn zu töten. Der Imperator beschießt Luke mit gefährlichen Sith-Blitzen. Im letzten Moment schleudert Vader den Imperator in einen Abgrund und rettet Luke das Leben.

Der mächtigste aller Jedi
Weil Luke Mitgefühl für seinen schrecklichen Vater, Darth Vader, empfindet, erweist er sich als der mächtigste Jedi von allen.

Die Schlacht von Endor

Ein Rebellenteam, das von Han Solo und Prinzessin Leia angeführt wird, kann den Schildgenerator zerstören, der den Todesstern schützt. Nun kann der *Falke* in sein Inneres fliegen. TIE-Jäger verfolgen ihn.

Lando und seine Freunde sprengen den Hauptreaktor.

Der Todesstern explodiert!

Imperator Palpatine ist tot.

Überall in der Galaxis feiern die Menschen ihre neue Freiheit.

Gewaltige Explosion
Der zweite Todesstern wird zum Feuerball, und der *Falke* fliegt davon. Die Rebellen haben gesiegt!

Glossar

Atmosphäre
Die Luft auf einem Planeten.

Bürokrat
Jemand, der Büroarbeiten verrichtet.

die Macht
Eine geheimnisvolle Energie, die für gute oder böse Zwecke eingesetzt werden kann.

Geonosianer
Insektenähnliche Lebewesen vom Planeten Geonosis.

Hangar
Ein großes, hallenartiges Gebäude für Raumschiffe oder Fahrzeuge.

Hinterhalt
Ein Überraschungsangriff aus einem Versteck.

Hologramm
Ein Bild im Raum, erzeugt von einem Holoprojektor.

Ingenieur
Jemand, der Maschinen oder Fahrzeuge erfindet und baut.

Komlink
Eine Art Funkgerät.

parieren
Einen Schlag des Gegners blockieren.

Schildgenerator
Eine Maschine, die einen Energieschild erzeugt, der Laserstrahlen und Meteoriten abwehrt.

selbstlos
Selbstlos ist, wer etwas für andere tut, ohne an seinen eigenen Vorteil zu denken.

Sith-Lord
Ein Anführer der bösen Sith, die die dunkle Seite der Macht nutzen.

Tentakel
Lange, biegsame Beine und Arme einer Kreatur mit vielen Gliedern. Ein Tintenfisch hat Tentakel.

Traktorstrahl
Ein Strahl, der einen Gegenstand oder ein Raumschiff ziehen kann.

STAR WARS
ENTSCHEIDENDE DUELLE

von Lindsay Kent

Was ist ein Duell?

Ein Duell ist ein Kampf zwischen zwei Personen. Die Gegner können Waffen wie Lichtschwerter und Blaster benutzen oder ganz ohne Waffen kämpfen. Die Jedi sind darin ausgebildet, die Macht zu nutzen, und sie sind kunstvolle Kämpfer. Sie haben viele Duelle gegen Krieger gekämpft, oft gegen die Sith – ihre einzigen Gegner, die ihnen an Kräften und Kampfkünsten ebenbürtig sind.

Meister Yoda
Yoda ist ein alter Jedi. Er spürt eine Erschütterung der Macht, verursacht durch die Rückkehr der Sith. Er weiß aber nicht, wer der neue Sith-Lord ist.

Die Sith nutzen die dunkle Seite der Macht. Einst hielt man sie für ausgelöscht, doch sie sind quicklebendig. Sie leben im Verborgenen und warten auf den geeigneten Moment, um zurückzukehren und sich an den Jedi zu rächen. Dann stehen den Jedi viele neue Duelle bevor!

Der Jedi-Ritter Luke Skywalker kämpft gegen den Sith-Lord Darth Vader. Nur einer kann siegen.

Sith-Lord
Darth Sidious ist der neue, mächtige Sith-Lord. Jahrelang kann er verbergen, dass er ein Sith ist, indem er vorgibt, nur ein einfacher Senator zu sein.

Ein Lichtschwert kann Panzertüren aus Durastahl mühelos durchschneiden.

Kristall
Im Griff eines Lichtschwerts befindet sich ein Kristall. Dieser bündelt die Energie, die von einer Energiezelle freigesetzt wird, und erzeugt die Klinge.

Waffen

Die von einem Jedi im Duell am häufigsten benutzte Waffe ist das Lichtschwert. Es ist eine elegante Waffe. Wer es benutzt, muss in der Macht gut trainiert sein, um es gekonnt zu führen. Jedes Lichtschwert ist auf die Bedürfnisse und Vorlieben seines Besitzers abgestimmt. Man hält es wie ein Schwert, doch statt einer Klinge aus Metall hat es einen Energiestrahl, der aus dem Griff austritt, wenn die Waffe aktiviert wird.

Gehäuse für den Kristall

Lichtschwertgriff

Ein Lichtschwert kann die meisten Dinge durchschneiden, außer der Klinge eines anderen Lichtschwerts. Die Waffe wird im Kampf wie ein Schwert geführt.

Die Jedi können mithilfe der Macht sogar Schüsse aus Blastergewehren vorhersehen und sie mit ihrem Lichtschwert zum Gegner zurückschlagen.

Farbenfroh
Der Kristall, der zum Bau des Lichtschwerts benutzt wird, bestimmt die Farbe und Länge der Energieklinge. Kristalle vom Planeten Ilum erzeugen grüne und blaue Klingen.

Der Sith-Schüler Darth Maul benutzt ein Lichtschwert mit Doppelklinge, passend zu seinem Kampfstil.

Eins mit der Macht
Selbst im Kampf und in äußerst schwierigen Situationen bemüht sich ein Jedi, ruhig und konzentriert zu bleiben.

Jedi-Ausbildung

Der Jedi-Orden ist eine alte Organisation, die den Frieden hütet. Die Jedi benutzen die Macht, um andere zu verteidigen und zu beschützen. Daher müssen sie lernen, Duelle geschickt zu kämpfen. Die Ausbildung zum Jedi dauert viele Jahre und beginnt bereits sehr früh. Schon Jünglingen wird beigebracht, ein Lichtschwert zu benutzen. Manchmal verdeckt man beim Training ihre Augen, sodass sie lernen, die Macht zu fühlen und ihre Instinkte zu benutzen, statt sich auf ihre Augen zu verlassen.

In der Ausbildung lernen die zukünftigen Jedi auch, einen Gegenstand mithilfe der Macht zu bewegen, ohne ihn zu berühren. Mit einem Machtgriff können Jedi etwas zu sich her holen.

Mit einem Machtschub wehrt Jedi-Meister Qui-Gon Jinn mehrere Droiden ab.

Ein Machtschub ist eine Technik, um Gegenstände oder Gegner wegzustoßen.

Ein junger Jedi lernt, nach dem Jedi-Kodex zu leben, das sind Regeln, denen die Jedi gehorchen müssen. Dem Kodex zufolge müssen die Jedi die Macht für Gutes nutzen. Sie sollen Mitgefühl für alles Lebendige haben und dürfen nur kämpfen, um sich oder andere zu verteidigen.

Fit für den Kampf
Jedi-Ritter sind Experten im Einsatz von Lichtschwertern, aber sie müssen auch körperlich fit sein.

Die Regel der Zwei
Es gibt immer zwei Sith – einen Meister und einen Schüler. Das Wissen von der dunklen Seite der Macht wird vom Meister an den Schüler weitergegeben.

Der Sith-Kampfstil

Wie die Jedi können auch die bösen Sith die Macht im Duell spüren und benutzen. Das Machttraining der Sith ist jedoch anders als das der Jedi. Sie nutzen die dunkle Seite der Macht und beziehen ihre Kraft aus rohen Gefühlen wie Wut, Schmerz und Hass. Die Sith kennen kein Mitgefühl. Ihr grausamer Kampfstil spiegelt diese Haltung wider.

Die Sith handeln, um zu erobern und zu besiegen, nicht zur Verteidigung. Sie bedienen sich im Kampf jedes Mittels – egal, wie hinterhältig es ist.

Die Sith können mithilfe der Macht Machtblitze erzeugen. Sie leiten die Macht durch ihren Körper und schießen mächtige Energieblitze aus ihren Handflächen und Fingerspitzen auf ihre Gegner. Mithilfe der Macht können sie ein Opfer würgen, ohne es mit den Händen zu berühren.

Grausam
Die Sith setzen im Kampf ihre Wut ein. Diese kann ihnen extreme Kraft verleihen.

Der Sith-Lord Darth Vader nutzt die Macht, um seinen Gegner zu würgen.

Vergessene Bedrohung

Jedi und Sith begegnen sich zum ersten Mal auf dem Planeten Tatooine wieder. Jedi-Meister Qui-Gon Jinn begleitet Königin Amidala nach Coruscant, als der Sith Darth Maul auf einem Düsenschlitten heraneilt und Qui-Gon angreift. Darth Maul kämpft mit einem Doppelklingen-Lichtschwert und weiß die Macht genau anzuwenden. Er kämpft mit großer Geschicklichkeit und Kraft gegen den Jedi-Meister.

Qui-Gon hat Mühe, Mauls Angriff standzuhalten. Er entkommt nur knapp, indem er auf Königin Amidalas Schiff aufspringt. Der Jedi war auf die Begegnung nicht vorbereitet, denn die Sith galten als ausgelöscht! Doch dieses Duell zeigt, dass die Sith sehr lebendig sind – und mächtiger als je zuvor.

Qui-Gon Jinn
Qui-Gon Jinn ist ein erfahrener Jedi-Meister. Einst war er ein Schüler des Jedi Count Dooku.

Ein neuer Sith
Darth Maul ist Darth Sidious' Schüler. Sein ganzer Körper ist mit Tätowierungen bedeckt. Er trägt sie, weil er einst ein Nachtbruder von Dathomir war.

Obi-Wan Kenobi
Obi-Wan ist der erste Jedi seit Jahrhunderten, der einen Sith im Kampf besiegt.

Kampf auf Naboo

Qui-Gon Jinn und sein Schüler Obi-Wan Kenobi begegnen Darth Maul erneut auf Naboo. Maul kämpft gegen beide Jedi gleichzeitig, bis Obi-Wan von Qui-Gon und dem Sith getrennt wird. Qui-Gon ist Maul unterlegen und wird tödlich verletzt. Obi-Wan wird wütend, und seine rohen Gefühle bringen ihn kurzzeitig in die Nähe der dunklen Seite der Macht. Doch es gelingt ihm, sich wieder zu beruhigen.

Als Obi-Wan gegen Maul kämpft, ist der Sith stärker. Maul setzt die Macht ein, um Obi-Wan in einen Abgrund zu stoßen. Der Jedi klammert sich verzweifelt an ein vorstehendes Rohr. Darth Maul grinst siegessicher und verhöhnt ihn. Mit einem Tritt befördert er Obi-Wans Lichtschwert in den Abgrund. Doch der Jedi kann sich mithilfe der Macht Qui-Gons Waffe schnappen. Obi-Wan springt in die Höhe, überrumpelt Maul und schlägt ihn mit einem schnellen Schlag nieder.

Arrogant
Darth Maul ist zu selbstsicher und unterschätzt Obi-Wan. Das führt zu seinem Ende.

Klonarmee
Die Klone sind genaue Kopien von Jango Fett, doch sie wachsen viel schneller als ein normaler Mensch. So können die Kaminoaner Tausende von Soldaten in kurzer Zeit produzieren.

Konflikt auf Kamino

Obi-Wan reist auf den Wasserplaneten Kamino, wo er entdeckt, dass die Kaminoaner eine riesige Klonarmee hergestellt haben. Angeblich hat ein Jedi namens Sifo-Dyas diese Armee bestellt, doch das kann nicht stimmen, denn der Jedi-Rat weiß nichts davon. Jeder Soldat ist eine Kopie des Kopfgeldjägers Jango Fett. Als Obi-Wan auf Jango trifft, versucht der Kopfgeldjäger zu fliehen. Er und Obi-Wan beginnen zu kämpfen. Jango kann die Macht nicht nutzen, aber sein Anzug enthält viele Funktionen, die ihm einen Vorteil verschaffen, als Obi-Wan sein Lichtschwert verliert.

Mit einem Draht an seinem Handgelenk fesselt Jango Obi-Wans Hände, und Obi-Wan fällt über den Rand einer Landeplattform. Auch Jango wird hinuntergezogen, aber in letzter Sekunde kann er den Draht durchtrennen und auf seinem Schiff *Sklave I* entkommen.

Jango Fett
Jango Fett ist einer der besten Kopfgeldjäger der Galaxis. Sein Spezialanzug ist mit Waffen wie Handgelenksklingen und Blasterpistolen ausgestattet. Er hat auch ein Jetpack.

Anakin Skywalker
Anakin ist einer der begabtesten Jedi aller Zeiten. Er war ein Sklave, bevor er zum Jedi-Orden kam und Obi-Wans Schüler wurde.

Darth Tyranus
Count Dooku wird von Darth Sidious zur dunklen Seite der Macht gelockt. So wird Dooku zu Darth Tyranus.

Die Schlacht von Geonosis

Der Jedi-Ritter Obi-Wan Kenobi und sein Padawan Anakin Skywalker finden heraus, dass ein ehemals angesehener Jedi, Count Dooku, sich der dunklen Seite zugewandt hat. Obi-Wan und Anakin müssen verhindern, dass Dooku von dem Planeten Geonosis flieht. Obi-Wan befiehlt Anakin zu warten, doch der junge Padawan ist ungeduldig. Mit gezücktem Lichtschwert rennt er auf Dooku zu, der ihn mit einem Machtblitz gegen die Wand schleudert. Obi-Wan und Dooku duellieren sich nun mit Lichtschwertern. Obi-Wan wird verletzt.

Dooku will Obi-Wan töten, da greift Anakin ein. Anakin versucht, den Sith-Lord zu besiegen, doch Dooku ist stärker und trennt Anakin den rechten Arm ab. Beide Jedi sind verwundet, und der Sith trägt den Sieg davon.

Klassische Waffe
Count Dookus Lichtschwert hat einen gebogenen Griff, der genau in seine Hand passt. So hat er noch bessere Kontrolle über die Waffe bei seinem bevorzugten Kampfstil.

Sorge um andere
Den Jedi ist jedes Leben kostbar. Dooku weiß, dass Yoda lieber seine Freunde retten wird, als ihn aufzuhalten.

Obi-Wan und Anakin liegen verletzt in Dookus geheimem Hangar, als ein weiterer Jedi hinzukommt – Meister Yoda. Count Dooku setzt Machtkräfte ein, um Steinbrocken aus der Decke auf Yoda stürzen zu lassen. Yoda verteidigt sich und lenkt die Trümmer ab, indem er seine eigenen Machtkräfte einsetzt. Dann kämpfen Yoda und Dooku mit Lichtschwertern. Trotz seines Alters beweist Yoda sein erstaunliches Geschick.

Spezial-Raumschiff
Count Dookus Raumschiff besitzt ein Solarsegel. Es befindet sich am Bug des Schiffes und sammelt Energieteilchen aus dem All ein, die als Treibstoff dienen.

Dooku kann Yoda nicht bezwingen. Doch er hat eine List, um ihn abzulenken. Mithilfe der Macht lässt Dooku eine riesige Säule in Richtung der beiden Verletzten Anakin und Obi-Wan stürzen. Yoda muss seine ganze Kraft einsetzen, um die beiden zu retten. So kann Dooku in seinem Solarsegler entwischen.

Palpatines Rettung

Die Handelsföderation entführt Kanzler Palpatine – aber das ist nur eine List, um den Jedi eine Falle zu stellen. Die Jedi-Ritter Obi-Wan und Anakin eilen los, um Palpatine zu retten. Wieder stehen sie ihrem alten Feind Count Dooku gegenüber. Der Sith schlägt Obi-Wan mit einem Machtschub bewusstlos.

Böser Trick
Kanzler Palpatine spielt vor, er sei entführt worden. Er will, dass Dooku und Anakin gegeneinander kämpfen, damit Anakin Dooku tötet und anschließend Palpatines neuer Schüler wird.

Count Dooku würgt Obi-Wan und schleudert ihn quer durch den Raum.

Doch Anakin lässt sich nicht so einfach besiegen. Er kämpft weiter.

Dooku stachelt Anakin während des Kampfes auf. Er glaubt immer noch, stärker zu sein. Doch plötzlich überrumpelt ihn Anakin und trennt ihm beide Hände ab. Dooku kann nicht mehr weiterkämpfen und fällt vor Anakin auf die Knie. Palpatine befiehlt Anakin, Dooku zu töten.

Unehrenhaft
Es ist nicht Art der Jedi, jemanden zu töten, der verletzt und schwach ist. Anakin tötet Dooku und kommt dadurch der dunklen Seite sehr nah – wie Palpatine es gehofft hat.

Die Schlacht von Utapau

Nach der Entführung von Kanzler Palpatine schickt der Jedi-Rat Obi-Wan auf eine Mission, um General Grievous zu ergreifen. Palpatine sagt, dass die Klonkriege erst beendet werden können, wenn Grievous gefangen ist. Obi-Wan reist nach Utapau, wo er Grievous in einer der größten Schlundloch-Städte des Planeten entdeckt.

Grievous ist teils Lebewesen, teils Droide. Er hat vier künstliche Arme, die vier Lichtschwerter gleichzeitig

Schlundloch
Der Planet Utapau ist mit tiefen Löchern bedeckt. Die Einwohner von Utapau haben in diese sogenannten Schlundlöcher Städte gebaut.

mit großer Kraft und hohem Tempo schwingen können – ein sehr schwieriger Gegner im Kampf!

Grievous hat zwar den Lichtschwertkampf trainiert, doch er kann nicht wie Obi-Wan die Macht nutzen. Der Jedi kann Grievous' Schläge vorhersehen und schneidet dem Cyborg mehrere Hände ab.

General Grievous
Grievous war einer der größten Kriegsherren des Planeten Kalee, bis er bei einem Shuttle-Absturz schwer verletzt wurde. Man stellte ihn danach als Cyborg wieder her.

Varactyle
Utapau ist die Heimat riesiger vogelartiger Echsen, der Varactyle. Sie dienen als Transporttiere, denn sie sind wendig und können sich mit ihren riesigen Krallen an die Steinwände der Schlundlöcher klammern.

Grievous entkommt auf seinem Radgleiter, und Obi-Wan verfolgt ihn auf dem Varactyl Boga. Obi-Wan verliert während der Verfolgungsjagd sein Lichtschwert, doch es gelingt ihm, Grievous' Elektrostab an sich zu reißen, und das Duell geht weiter. Der Cyborg ist überlegen, denn er ist sehr stark und hat einen gepanzerten Körper. Obi-Wan wird fast besiegt! Der Jedi wird über den Rand einer Landeplattform gestoßen und hängt plötzlich über einem gewaltigen Abgrund.

Als Grievous sich ihm mit seinem Elektrostab nähert, nutzt Obi-Wan die Macht, um Grievous' Pistole zu ergreifen und auf seinen Gegner zu feuern. Grievous' lebenswichtige Organe werden von Panzerplatten geschützt. Doch während des Kampfes ist es Obi-Wan gelungen, die Platten zu verbiegen, und so ist der Schuss für den General tödlich.

Elektrostäbe
Grievous' Wachen benutzen Elektrostäbe als Waffen. Sie bestehen aus sehr hartem Material, das nicht einmal von einem Lichtschwert zerstört werden kann. Jedes Stabende setzt eine gewaltige Energiemenge frei.

Darth Sidious
Anakin erfährt, dass Palpatine in Wahrheit Darth Sidious ist – der Sith-Lord, nach dem die Jedi gesucht haben.

Mace Windu
Jedi-Meister Mace Windu ist ein hohes Mitglied des Jedi-Rats. Er ist erfahren, weise und die anderen Jedi achten ihn.

Der Sith wird enttarnt

Anakin berichtet Mace Windu, dass Kanzler Palpatine in Wahrheit ein Sith-Lord ist. Da begibt sich der Jedi-Meister in Palpatines Büro, um ihn zu verhaften. Mace wird von drei weiteren Jedi begleitet. Sie haben nicht damit gerechnet, dass der Kanzler sie plötzlich mit seinem Lichtschwert angreift. In wenigen Sekunden tötet er alle außer Windu. Der Jedi liefert sich mit Palpatine ein Lichtschwert-Duell auf Leben und Tod. Windu gelingt es, Palpatine zu entwaffnen. Doch der Sith nutzt die dunkle Seite und beschießt Windu mit Machtblitzen.

Windu lenkt mit seinem Lichtschwert die Blitze zu Palpatine zurück. Palpatines Gesicht scheint wie Wachs zu schmelzen und wird von Narben überzogen. Windu ist kurz davor, Palpatines Ende zu besiegeln, da schreitet Anakin ein und schneidet Windu die Hand ab, die das Lichtschwert hält. Palpatine greift nun den verletzten Windu an und schleudert ihn durch das Fenster in den Tod.

Vernarbtes Gesicht
Palpatine erzählt dem Senat eine Lüge über die Ursache seines vernarbten Gesichts. Er sagt, die Jedi hätten versucht, ihn zu ermorden.

Yoda gegen Sidious

Der Oberste Kanzler Palpatine wird immer mächtiger, und die Jedi sind in höchster Gefahr. Der böse Sith-Lord befiehlt der Klonarmee, die Order 66 auszuführen und die Jedi zu vernichten. Die meisten Jedi werden getötet, doch Yoda überlebt. Mutig geht er in Palpatines Büro, um gegen Darth Sidious zu kämpfen.

Sidious schleudert Yoda mit einem Machtblitz quer durch den Raum. Ist er stärker als der Jedi-Meister, der bewusstlos am Boden liegt? Der Sith-Lord freut sich hämisch über seinen scheinbaren Sieg, da überrascht Yoda ihn mit einem kräftigen Machtschub.

Imperiale Garde
Sidious' Wachen sind gute Kämpfer, aber Yoda sind sie hoffnungslos unterlegen. Der Jedi besiegt sie mit einer kleinen Handbewegung.

Yoda und Sidious kämpfen erbittert mit ihren Lichtschwertern gegeneinander, doch die Kampfkünste der beiden sind ebenbürtig. Immer noch kämpfend betreten sie die Rednerkanzel. Diese fährt langsam nach oben und transportiert die beiden in den Senatssaal.

Podium des Imperators
Die Decke von Palpatines Büro öffnet sich und die Rednerkanzel steigt in den Senatssaal hinauf.

Senatssaal
Der Saal ist der größte Raum im Senatsgebäude auf Coruscant. Dort gibt es Tausende von Kanzeln, die den Senatoren aus der ganzen Galaxis Platz bieten.

Im Senatssaal kämpfen Yoda und Sidious weiter. Keiner der beiden kann den anderen so einfach besiegen, denn sie sind beide sehr stark. Sidious nutzt die Macht, um riesige Kanzeln auf Yoda zu werfen. Yoda verliert dabei sein Lichtschwert. Dann wirft er eine Kanzel auf Sidious zurück, wodurch dieser stürzt. Doch der Sith kann eine Kanzel ergreifen, hinaufklettern und sich im letzten Moment retten.

Sidious benutzt wieder Machtblitze. Yoda wehrt sie ab, doch die Wucht des Gegenschlags wirft ihn von seiner Kanzel hinunter auf den Boden des Saals. Yoda ist nicht schwer verletzt, aber er weiß nun, dass er Sidious diesmal nicht besiegen kann. Der Jedi beschließt zu fliehen.

Flucht
Yoda entkommt, weil Bail Organa ihn in seinen Luftgleiter aufnimmt. Yoda reist auf den Planeten Dagobah, wo er sich viele Jahre lang vor dem Imperator versteckt.

Meister und Schüler

Mit Sorge erfährt Obi-Wan, dass Anakin der dunklen Seite der Macht verfallen ist. Anakin ist nun Sidious' neuer Sith-Schüler und nennt sich Darth Vader. Obi-Wan fliegt zum Vulkanplaneten Mustafar, um seinen ehemaligen Schüler zur Rede zu stellen. Er findet Vader in einer Lavamine. Der Jedi muss erkennen, dass er seinen Freund an Sidious verloren hat.

Gleiche Kräfte
Vader und Obi-Wan wollen den jeweils anderen mit einem Machtschub wegstoßen, und werden dabei beide quer durch den Raum geworfen.

Vader und Obi-Wan aktivieren ihre Lichtschwerter und beginnen einen harten Kampf. Vader ist voller Wut und Hass, und das Duell ist gnadenlos. Während des Kampfes werden die Schutzschilde ausgeschaltet, die die Mine vor Lavaausbrüchen schützten, und die gesamte Fabrik beginnt, sich in einen Strom flüssiger Lava aufzulösen. Die beiden ehemaligen Freunde setzen über der kochenden Lava ihren Kampf fort, Obi-Wan auf einem Lavaskiff und Vader auf einem Droiden.

Trauriger Obi-Wan
Der Jedi-Meister ist sehr unglücklich, gegen seinen ehemaligen Schüler und Freund kämpfen zu müssen. Anakin war für ihn einst wie ein Bruder.

Flammende Fluten
Lavaflüsse strömen über ganz Mustafar. Die Lava bricht aus der Kruste des Planeten in riesigen Feuerfontänen hervor. Der Himmel über Mustafar ist stets mit schwarzen Wolken aus Asche und Rauch bedeckt.

Als Obi-Wan und Vader dem Ufer näher kommen, gelingt es Obi-Wan, von dem Lavaskiff auf einen steilen Hang zu springen. Er sieht, dass Vader das Gleiche tun möchte, und warnt ihn vor dem gefährlichen Sprung. Vader hört nicht auf ihn. Er springt in Obi-Wans Richtung, doch während des Sprungs kann der Jedi-Meister einen Treffer landen. Vader stürzt und ist besiegt.

Obi-Wan bringt es nicht über sich, seinen früheren Kameraden zu töten. Er lässt ihn schwer verletzt liegen und geht.

Darth Sidious spürt Vaders bedrohliche Lage. Er fliegt nach Mustafar, wo er seinen neuen Schüler fast tot auffindet. Er setzt seine dunklen Kräfte ein, um Vader zu retten. Medidroiden bauen Vaders Körper mit Roboterteilen neu auf und passen ihm eine Rüstung an, mit der er atmen kann.

Der Imperator herrscht nun über das Galaktische Imperium. Mit Vader an seiner Seite gibt es keinen, der den Mut hätte, ihn herauszufordern.

Neu gebaut Medidroiden stellen Darth Vaders Körper mithilfe von technischen Ersatzteilen wieder her. Von dem Mann, der einst Anakin Skywalker war, ist kaum etwas geblieben. Vader ist nun mehr Maschine als Mensch.

Duell auf dem Todesstern

Auf dem Todesstern stehen sich Obi-Wan Kenobi und Darth Vader nach vielen Jahren erneut gegenüber. Seit der Machtergreifung des Imperators hat Obi-Wan im Verborgenen ein einsames Leben geführt. Doch nun ändert sich alles. Ein Mitglied der Rebellenallianz, Prinzessin Leia, wird vom Imperium gefangen genommen und bittet ihn um Hilfe.

Todesstern
Der Todesstern ist eine riesige Raumstation, die der Imperator erbaut hat. Sein Superlaser ist so stark, dass er einen ganzen Planeten zerstören kann.

Darth Vader spürt sofort, dass Obi-Wan auf dem Todesstern ist, und stellt sich dem Kampf. Wie früher kämpfen sie mit Lichtschwertern gegeneinander.

Doch das Duell ist anders als ihre letzte Begegnung. Obi-Wan ist älter und schwächer, und er spürt, dass Vader zu stark für ihn ist. Doch es ist nicht sein Plan, Vader zu besiegen. Obi-Wan will eins mit der Macht werden, indem er sich opfert. Darum lässt er zu, dass Vader ihn tötet.

Machtgeist
Manche Jedi wie Obi-Wan können nach ihrem Tod die Macht nutzen, um zu den Lebenden zu sprechen und ihnen Rat zu geben. Diese Jedi werden Machtgeister genannt.

Luke Skywalker
Luke Skywalker ist ein junger Jedi-Schüler. Er wird von Obi-Wan Kenobi ausgebildet. Nach Obi-Wans Tod setzt er seine Ausbildung bei Meister Yoda fort.

Kampf in der Wolkenstadt

Luke Skywalker ist ein junger Jedi, der seine Ausbildung noch nicht beendet hat. Er eilt in die Wolkenstadt über Bespin, weil er spürt, dass seine Freunde Prinzessin Leia, Han Solo und Chewbacca in Gefahr sind. Luke merkt nicht, dass Darth Vader seine Freunde nur gefangen genommen hat, um ihn zu sich zu locken.

Luke ist nicht stark genug, um Darth Vader zu besiegen. Vader setzt im Kampf seine überlegenen Machtkräfte und Lichtschwert-Künste gegen Luke ein. Sein Angriff ist erbarmungslos, und mit einem Schlag trennt er Luke eine Hand ab.

Dann verrät er dem entsetzten Luke ein unglaubliches Geheimnis: Darth Vader ist Lukes Vater!

Vader will, dass Luke zur dunklen Seite der Macht kommt. Aber Luke will lieber sterben, als der dunklen Seite zu verfallen, und stürzt sich in einen Schacht. Er wird jedoch in eine Rinne gesaugt und hält sich an der Unterseite der Wolkenstadt fest, bis Prinzessin Leia ihn rettet.

Vater und Sohn
Darth Vader und der Imperator erfahren, dass Luke der Sohn von Anakin Skywalker ist – so hieß Vader, als er noch kein Sith war. Sie wollen Luke auf die dunkle Seite der Macht ziehen und ihn als Verbündeten gewinnen.

Schlauer Plan
Lukes Jedi-Kräfte haben sich entwickelt, und er ist weiser geworden. Als er Jabba gegenübertritt, lässt er sich gefangen nehmen. Das ist Teil seines Plans.

Jabba der Hutt
Jabba ist ein übler Gangsterboss, der auf dem Planeten Tatooine lebt. Sein Körper ähnelt einer gigantischen Schnecke.

Schlauheit siegt

Der Verbrecherkönig Jabba der Hutt hat Luke Skywalkers Freunde Prinzessin Leia, Han Solo und Chewbacca gefangen genommen. Luke will sie befreien. Er geht zu Jabbas Palast und verlangt, dass sie freigelassen werden, doch Jabba lacht ihn aus. Jabba kämpft gar nicht erst gegen Luke – er hat seine eigenen Methoden! Er öffnet eine Falltür, und Luke fällt in die Grube des Rancors. Der Rancor ist eine riesige und gefährliche Bestie, doch es gelingt Luke, ihn zu besiegen.

Jabba befiehlt seinen Wachen, Luke und seine Freunde an den Sarlacc zu verfüttern. Jabba kann es kaum erwarten, von Lukes Tod zu hören. Er weiß nicht, dass Luke sein

Der schreckliche Rancor ist eine riesige, reptilienähnliche Kreatur.

Lichtschwert in seinem Droiden R2-D2 versteckt hat. R2-D2 wirft das Lichtschwert zu Luke, der dann Jabbas Leute besiegen kann. Leia nutzt das Durcheinander, um Jabba zu erdrosseln. Jabba hielt sich für besonders klug, doch der Jedi war schlauer!

Der Sarlacc
Unter dem Wüstensand von Tatooine lebt eine Kreatur namens Sarlacc. Sein riesiges Maul ist von Tentakeln umgeben, die seine Beute ergreifen.

Explosion
Luke und seine Freunde können gerade noch entkommen, bevor Jabbas Segelbarke explodiert.

Der letzte Kampf

Der Kampf zwischen Luke und dem Imperator auf dem Todesstern beginnt zunächst nur mit Worten. Der Imperator will Luke überreden, auf die dunkle Seite der Macht zu kommen, weil das sein Schicksal sei. Er stachelt Luke sogar an, seinem Zorn freien Lauf zu lassen und gegen ihn zu kämpfen! Eine Zeit lang bleibt Luke ganz ruhig, doch der Imperator hat eine List. Er weiß, wie viel Luke seine Rebellenfreunde bedeuten, und nutzt dies aus. Der Imperator verrät

Eine Falle
Die Rebellen erhalten Pläne, die zeigen, wie sich der Verteidigungsschild des zweiten Todessterns deaktivieren lässt, sodass er zerstört werden kann. Sie wissen nicht, dass der Todesstern schon einsatzbereit ist.

Luke, dass er den Rebellen falsche Informationen über den Todesstern in die Hände gespielt hat. Er warnt Luke, dass er die Angriffspläne der Rebellen kennt und seine Freunde sterben werden. Luke kann seine Wut nun nicht mehr zurückhalten. Er ergreift das Lichtschwert, das neben dem Thron des Imperators liegt, und bedroht ihn damit. Luke versucht, dem Sith einen Schlag zu versetzen, doch Vader schreitet ein. Vater und Sohn kämpfen nun gegeneinander.

Unbesiegbar?
Als Vader mit Luke eintrifft, schickt der Imperator seine Wachen fort. Der Sith-Lord hält sich für unbesiegbar und glaubt, sie nicht zu brauchen.

Die Sith sind besiegt
Es scheint so, als würde allein der Anblick von Luke das Gute in Vader wieder zum Leben erwecken. Als Vader sich entschließt, den Imperator zu stoppen, wendet er sich von der dunklen Seite der Macht ab.

Luke hat bei Obi-Wan und Yoda viel über das Kämpfen mit dem Lichtschwert gelernt. Diesmal ist Luke stärker als Vader – er könnte den bösen Sith-Lord besiegen und töten. Wenn er das tut, ist Luke verloren, denn er ist dann auf der dunklen Seite der Macht. Doch der junge Jedi zügelt seinen Zorn. Er weigert sich, seinen Vater zu besiegen. Stattdessen wirft er sein Lichtschwert weg und ergibt sich.

Der Imperator ist wütend darüber, dass Luke sich weigert, auf die dunkle Seite zu kommen. In einem einseitigen Kampf beschießt er Luke mit Machtblitzen. Man sieht ihm an, dass es ihm Vergnügen bereitet, Luke Schmerzen zuzufügen.

Luke fleht seinen Vater um Hilfe an, doch Vader sieht untätig zu, wie Luke leidet. Kurz bevor der Imperator dem Leben des jungen Jedi ein Ende setzt, hebt Vader plötzlich seinen bösen Meister hoch und wirft ihn in einen Reaktorschacht in den Tod. So rettet er seinem Sohn das Leben und zerstört das Imperium.

Keine Maschine mehr
Vader ist wieder Anakin Skywalker. Weil die Machtblitze des Imperators ihn verletzt und seine Rüstung beschädigt haben, kann er nicht lange überleben. Sein letzter Wunsch ist es, Luke mit seinen eigenen Augen zu sehen.

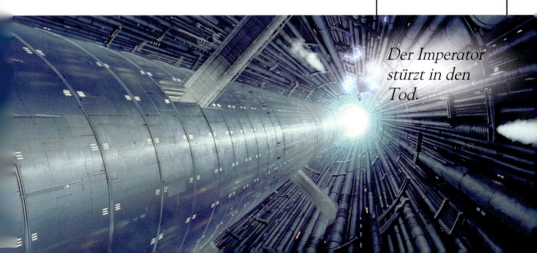

Der Imperator stürzt in den Tod.

Glossar

arrogant
Zu glauben, man sei besser als andere.

Attentat
Versuch, einen Herrscher oder Politiker töten.

Cyborg
Jemand, der teils Lebewesen, teils Roboter ist.

Klonkriege
Der Konflikt zwischen der Republik und den Separatisten, die die Republik zerstören wollen.

Kopfgeldjäger
Jemand, der Menschen gegen Geld sucht und fängt.

Medidroide
Ein Droide, der wie ein Arzt Kranke und Verwundete behandelt.

Nachtbruder
Mitglied eines kriegerischer Stammes von dem Planeten Dathomir.

Orden
Eine Gemeinschaft, die nach strengen Regeln lebt.

Padawan
Ein Jedi in Ausbildung, der von einem Jedi-Meister unterrichtet wird.

Podium
Eine erhöhte Plattform für einen Redner.

Skiff
Ein kleiner, schiffähnlicher Luftgleiter.

Register

A-Flügler 43, 49
Alderaan 87, 104, 106
Amidala, Padmé 10, 11, 54, 56-61, 63, 64, 65, 66, 73, 75, 76-79, 82, 84, 88-93, 153
Angriffsschiff der Republik 49
ARC-170 26, 29, 45

Bespin 180
Binks, Jar Jar 56, 57, 74
Boonta-Eve-Classic-Rennen 16
Boss Nass 56, 57, 60

C-3PO 30, 59, 88, 91, 106, 118, 119
Calrissian, Lando 41, 139, 141
Chewbacca 38-41, 86, 106, 113, 116, 119, 180, 182
Clawdit 67
Coruscant 53, 58, 68, 72, 78, 79, 81, 85, 86, 87, 89, 92, 172
Cyborg 80, 165

Dagobah 94, 95, 173
Dantooine 104
Darth Maul 56, 57, 60-62, 64, 147, 153-155
Darth Sidious 52, 53, 64, 74, 78-80, 93, 145, 153, 168-173, 174, 177 (siehe auch Palpatine)
Darth Tyranus 65, 71, 158 (siehe auch Dooku, Count)

Darth Vader 33, 35, 46, 48, 84-87, 91-93, 100, 102-104, 110, 124, 128, 134, 137, 139, 145, 151, 174-181, 185, 186, 187 (siehe auch Skywalker, Anakin)
Dathomir 153
Deflektorschild-Kuppel 48
Dianoga-Müllkrake 116, 117
Dooku, Count 64, 65, 72-75, 78-81, 153, 158-163 (siehe auch Darth Tyranus)
Droidenkontrollschiff 8, 9, 10, 19, 62
dunkle Seite 137, 145, 150, 151, 154, 162, 181, 184, 186, 187
Düsenschlitten 153

Ehrengarde 135, 137, 170
Elektrostab 166, 167
Endor 140
Executor 46-49

Fett, Boba 23, 70, 71
Fett, Jango 20-23, 67, 70-72, 156, 157
Feuerhageldroide 9

Galaxis 6
Geheimkammer 41
Geonosianer 73, 78, 101
Geonosis 72-78, 80, 158
Grievous, General 80, 81, 84, 164-167

Gungans 56, 60, 61
Gunray, Nute 556

Handelsföderation 8, 9, 19, 24, 28, 54, 55, 56, 62
Holoprojektor 103
Hyperantrieb 40

Imperator 87, 89, 91, 93, 94, 100, 101, 131, 132, 134-139, 141, 173, 177, 178, 181, 184-187 (siehe auch Darth Sidious, Palpatine)
Imperium 32, 45, 47, 99, 103, 132, 177, 178, 187
Ionentriebwerk 34

Jabba der Hutt 58, 182, 183
Jedi-Ausbildung 148, 149, 180
Jedi-Kodex 149
Jedi-Rat 58, 63, 66, 68, 72, 75, 76, 83, 139, 156
Jedi-Ritter 24, 26, 33, 42, 52, 55, 69, 74, 76-78, 81, 84-86, 94, 95, 106, 125, 144-149, 158, 176, 180
Jetpack 67, 157
Jettster, Dexter 68
Jinn, Qui-Gon 55, 56, 57, 58, 60-63, 148, 153-155

Kalee 165
Kamino 68, 72, 156
Kaminoaner 69, 156
Kampfdroide 8, 61, 62, 72, 73, 77
Kanonenboot der Republik 24, 25

Kashyyyk 31, 86
Kenobi, Obi-Wan 29, 55, 56-59, 62, 66-75, 77, 79, 81, 84, 87-92, 95, 106, 122, 124-126, 154-162, 174-179, 180, 186
Klonsoldat 69, 70, 71, 76, 86, 156
Konföderation unabhängiger Systeme: siehe Separatisten
Kopfgeldjäger: siehe Fett, Jango; Fett, Boba

Lama Su 70
Lars, Owen 95
Lavaskiff 175, 176
Leia, Prinzessin 40, 92, 104, 106, 112, 113, 114, 116, 120, 121, 126, 128, 140, 178, 180, 181, 182, 183
Lichtschwert 55, 56, 61, 80, 89, 91, 124, 125, 144, 146, 147, 153, 155, 156, 159, 164, 165, 168, 169, 175, 179, 180, 183, 185, 186

Macht 52, 58, 95, 123, 130, 144, 146, 148, 149, 160, 161, 165, 172, 179, 180
Machtblitz 151, 168, 173, 187
Machtgeist 179
Machtgriff 148
Machtschub 149, 162, 170, 174
Millennium Falke 38-41, 106, 108, 111, 122, 126, 139, 140, 141
Mothma, Mon 82

Müllpresse 116, 117, 119
Mustafar 85, 87-91, 174, 176, 177

N-1-Sternenjäger 19, 62
Naboo 10, 12, 53, 54-57, 60-62, 68, 74, 75, 78, 79, 154
Neimoidianer 54, 55

Order 66 170
Organa, Bail 82, 87, 92, 95, 173

Padawan 158
Palpatine 28, 29, 32, 52, 53, 54, 59, 63, 65, 69, 76, 80, 81, 84-87, 88, 89, 91, 100, 101, 134, 136, 137, 141, 162-164, 168, 169 (siehe auch Darth Sidious)
Podrenner 14-17, 26
Polis Massa 92
Prinzessin Leia: siehe Leia, Prinzessin

R2-D2 30, 59, 81, 91, 106, 118, 119, 128, 183
Raketenwerfer 21, 40
Rancor 182, 183
Raumschiff 6
Reaktor 44, 129, 130, 141
Reaktorkupplung 122, 123
Rebellenallianz 37, 42-45, 47, 48, 100, 184, 185
Rebellenbasis 104, 126, 128, 131
Republik 52, 63, 64, 78, 82
Rettungskapsel 30, 31

Sarlacc 182, 183
Sebulba 17
Segelbarke 183
Senat 53, 54, 64, 65, 76, 82, 87, 171, 172
Separatisten 64, 65, 72, 73, 75, 76, 78, 80, 88, 89
Shmi 58
Shu Mai 73
Shuttle, imperiales 32, 33, 89, 134, 137
Sifo-Dyas 69, 156
Sith 61, 62, 64, 74, 75, 84, 85, 87, 100, 125, 137, 139, 144, 145, 150, 151, 153, 154, 155, 170, 174, 185, 186 (siehe auch Darth Maul, Darth Sidious, Darth Vader)
Sith-Kampfstil 150, 151
Sklave I 20-23, 72, 157
Skywalker, Anakin 10, 14, 16, 26, 29, 33, 58, 59, 62, 63, 66, 68, 73, 75, 77-79, 81-85, 88-91, 95, 125, 158-163, 174, 175, 177, 181, 187 (siehe auch Darth Vader)
Skywalker, Luke 42, 45, 92, 106, 111, 112-114, 116-121, 125, 126, 132, 137, 139, 145, 149, 180-187
Solarsegler 161
Solo, Han 38-41, 45, 106, 112-114, 116, 119, 122, 126, 138, 140, 180, 182
Sternenjäger der Jedi 26
Sternenzerstörer 47, 49
Steuergondel 14, 15

Sturmtruppen 100, 109, 110-114, 118-120, 123, 135
Superlaser 99, 105, 128, 132, 135, 178
Supersternenzerstörer 6, 46-49

Tambor, Wat 73
Tarfful 86
Tarkin, Großmoff 101, 102, 104, 126
Tatooine 56, 57, 58, 92, 182, 183
Thronsaal 136, 137
TIE-Bomber 36
TIE-Jäger 34-37, 39, 44, 98, 106, 108, 126, 140
TIE-X1-Turbojäger 35
Todesstern, erster 42, 44, 78, 94, 98-108, 111, 113, 119, 124, 126, 128-130, 178, 179
Todesstern, zweiter 48, 132, 134-138, 140, 141, 184, 185
Todessternsoldaten 102
Traktorstrahl 107, 122
Turbolift 113

Unsichtbare Hand 28, 29
Utapau 84, 164, 166

Valorum, Kanzler 53, 54, 55
Varactyl 166
Verhördroide 115

Wesell, Zam 66, 67
Windu, Mace 63, 68, 84, 85, 87, 168, 169
Wolkenstadt 180, 181

Wookie 31, 38, 86, 101, 106, 113

X-Flügel-Sternenjäger 42-45, 126

Yavin 4 128
Yoda 31, 63, 79, 86, 87, 89, 94, 95, 144, 149, 160, 161, 170-173, 180, 186